北の国のトイレ日記

渓太2歳〝ゆき、たべたいなぁ〟

岡安俊明
OKAYASU TOSHIAKI

幻冬舎MC

北の国のトイレ日記

――渓太2歳〝ゆき、たべたいなぁ〟――

Contents

はじめに

北海道のど真ん中、富良野スキー場にほど近いペンション街のはじっこ、学校からは少し遠いけれど、森のとなりの自然いっぱいの家で、渓太は生まれ育ちました。小さいころからはだしのはだかんぼうで野山をかけめぐり、冷たい池や川での水遊び、冬は雪の中を転げまわっていました。その渓太とまわりの人たちのお話です。

子どもを取りまく環境はきびしく、子育てをためらう現状はとても悲しいことです。子どもは無垢で辛辣で、その喜怒哀楽は親にとってはとても刺激的です。

トイレに吊り下げた大判カレンダーの余白に、たまたま子どもの様子やことばを書きつけました。将来、子どもが自分の子育ての参考に、子どもの子どもたちへのタイムカプセルになれば……、きっと親子間に話の花が開くのではと思い、子どもの声がアンテナに響けば、トイレにかけ込んで書き、日々便座にすわっては書きました。〝トイレ日記〟のはじまりです。渓太用と弟用の大判カレンダーを2冊、トイレに並べてぶら下げ、家族みんなで読んだり、書いたりで来客にも情報公開です。

親はいそがしく、子どものことばを忘れがちですが、記されたことばは親の反省と心のささえです。兄弟がはたちになるまでのカレンダーが合計41冊。ダンボール箱を開けて日記をよみかえすと、玉手箱をあけたようで、親は老けてもそのまんまの子どもがいました。その

右●1990年トイレ日記（落書きはけいた3歳）
左●1992年トイレ日記（落書きはけいた5歳）

内の渓太の1歳から12歳までの日記12冊をここに整理し、まとめました。

文中には、親まで一緒にうんち・おしっこなどのことばが頻繁に出てきます。不愉快に思われるかもしれませんが、子どもにとっては成長の上で、欠かせないことばと思われます。どうぞご容赦ください。

あわせて渓太が高校までに描いた絵の一部を掲載いたしました。

子どもたちの大人の常識から外れたことばは、若い人、結婚してる人、さらにじじばばには昔を思い出して、きっと元気になっていただけると思います。ハチャメチャなことも多く、あまり参考や教訓にはならないと思いますが、子育ても悪くないな、と感じていただけたならうれしい限りです。

やすおか家のアレ・コレ

●**渓太**（けいた）：この本の主人公で、落書きの書き手。36 年に一度の五黄の寅年生まれ。スポーツはどんな種目でも、見るのも自分でやるのも大好き。ただし、水泳は骨太のためか沈みやすく少々苦手だが、氷もアイスも水遊びも大・大好き。絵とおしばいに時折素質がきらめく。おっちょこちょいだが、感性が豊か。身体頑健で大きなケガや入院経験なし。

●**弟**（りき）：兄・渓太より 1 年 8 か月年下、学年は年子で辰年の魚座うまれ。算数・理科が得意でお兄ちゃんに理詰めでキレよく迫る。運動神経も兄に劣らず、カラテ・スキーのほかに小学 4 年から野球に取り組む。大食漢だが、時々高熱ほかで入院する。

●**父**：本州生まれ、富良野の産業に関わる企業に勤める月給取り。研究開発、指導から営業まで何でも。趣味は山登り、絵ほか自然とのたわむれ。宴会で騒ぐことが好きだが、少々、酒に乱れることがたまたまキズ。トイレ日記の主な書き手。

●**母**：道産子、渓太が 1 歳 2 か月の時（産休明け）、相談なくあっさりと職場を退職し、専業主婦に。趣味は洋裁とコーラス、得意はオヤジギャグと人の名前と顔を覚えること。苦手は運動と家事、運転。父とは年の差婚で、網にひっかけた。トイレ日記の従なる書き手で、トラブルメーカーだが、日記に色を添える。

●**棲家**：渓太が生まれる直前に竣工。建築会社が民宿等営業用に予定していた土地を、〝ここ以外は、いや〟と、無理にお願いして建てていただいた。スキー場前の民宿・ホテル通りから少しはなれるが、自宅からスキー場リフト乗り場まで歩きで 5 分、帰りはスキーで裏の森を経由して玄関前まで 1 分。かぎ型の居間は 16 畳のがらんどうで、野球など子どもの遊び場。部屋からは雄大な十勝岳連峰が遠望でき、知人は休憩所として使う、無料開放。

●**となりの森**：トトロはいないと思われるが、冬のキタキツネは精悍で美しい。冬眠しないエゾリスは逞しくかわいらしい。時折、キツツキ（クマゲラ又はアカゲラ?）がドラミング音を響かせ、テラスの丸太に穴をあける。カッコウは夏まで、朝のさわやかを運んでくる。群落のエゾエンゴサクの桃青の花の二杯酢は春のクセになる。少ないカンゾウやオオアマドコロはさびしげだが、森は生き物を抱え込んで、二十四節気ごとに姿を変えながら生きている。森の中の子どもも、しっかり生きている。

＊注意：北海道他ではキツネや犬はかわいいばかりでなく、エキノコックス（寄生虫）を体内に持っている場合がある。人から人へ感染はしないが、その糞（虫卵）に触れた手、沢や川の水、山菜などナマで口にすることで感染し内臓を害する恐れがあるのでくれぐれもご注意を。

I

幼児のころ

1987～1990年

1

満1歳 「いいからぁ」〝いやや〟からやんわり拒絶に

1987年（昭和62年）7月27日㊊

けいた満1歳誕生日、五黄の寅年、獅子座うまれ。けいたは保育園ではかいじゅう、おまつりぼうやと呼ばれ、歩きはじめたばかりなのに目を離したスキにひとりで園外に出てしまう。ラッパやハーモニカを吹きならしながら歩く。

8月12日〜19日

けいたの写真を見せて「この子、だあれ？」と、聞くと「け、い、た」と答え、初の親子会話成立？

「北《きた》の京《みやこ》・芦別《あしべつ》」ではじめて父と温水プールに入る。プールから出ても、すぐに戻ってしまう。小さな女の子に「どうしてパンツはいてないの？」

と聞かれる。はだかんぼうは、けいたひとり。

8月20日〜26日

母と道を歩いていると、小学生の女の子数名に囲まれ、〝まつげがながーい、一休さんみたい〟と声をかけられる。西武百貨店旭川店の店員さんには〝おじぎした、足をくんですわった、はった、……〟まるでおもちゃあつかい。

9月1日〜7日　【1歳1か月】

ひどい咳が続き、午前2時救急病院へ。体温39・2度で風邪の診断、この時に救急車の口真似をする。〝ピーポー、ピーポー〟を、けいたは〝ムゥーパー、ムゥーパー〟と言う。ただ、サイレンや不吉な音、汚い音、耳ざわりな音を聞くと泣いてしまう。

9月8日〜14日

ロッキングチェアの下をくぐり抜けるが、目がさめたばかりで動きはぎこちなく、ゴザに滑ってテーブルにぶつかって倒れ、床に頭を打ち、舌を切って口の中に血を流す。生傷はたえない。

9月21日〜23日　秋分の日

保育園では先生が〝けいたくん〟と、呼ぶと〝はぁーい〟と返事。〝やすおかけいたくん〟と呼ぶと〝はぁい〟と手を上げていい返事。ただし父の名前が呼ばれてもいい返事、先生やほかのだれが呼ばれても、〝はぁーい〟と返事して保育園を混乱させているらしい。

初めての旭山動物園へ。園内の遊園地は人でいっぱいだが、動物園は人が少なく身近にみられる。ただし、最も興味を示したのがゴミ箱で、のぞいたり、ふたを開けたり、たたいたりしてから、はだしで園内を動き回る。四つ足動物はすべて「わんわ」、神社の狛犬も「わんわ」。

9月24日〜26日

火やストーブなど熱いものはやけどしない程度にさわらせて、〝アッチッチ〟を体験させると、それ以降火や熱さを怖がり、火やストーブは手をかざし、どんぶりは手のひらで熱さをはかっている。中々、用心深い。

9月27日〜30日　**【1歳2か月】**

クルマに乗って初の長時間旅行で日本海へ、往復約5時間かけて海を初体験。盆地育ちにはびっくりの広い広ーい空、ほとんど人のいない砂浜、カモメ、お子様ランチとけいたにとってはじめてのことばかり。たべものは好きなものを自分で自由に食べたがる。ハシはもとよりスプーンもまだ使えない。空腹にせっつかれるように、手づかみで勢いよく食べる。顔中に食いものをくっつけて食うさまは、まるで餓鬼の命を見るようだ。

知人とその息子ふたりが我が家に遊びにきた。ことばはなく、遊びのルールもないが、互いを意識して幼児3人でそれなりにたのしんでいる光景はふしぎなごみの空間。

洗濯ばさみでつまずいてころんで泣き、立ったところを再び椅子につまずいてつんのめって全身で大泣きしている。その迫力に、ほんとに泣くってこう言うことか、と実感する。〝いたいの、いたいの、とんでけー〟。

10月1日㈭〜6日

保育園の〝こぶしっこ祭り〟で、けいたは列を無視して一番前でお菓子をもらい、勝手知ったる園の中をあっちウロウロ、こっちウロウロ。おまけに空き缶で作ったゲタをはいて、あごを打って歯から血を流して大泣き。そうして、園をひとさわがせしてから帰宅。午後は自宅菜園の穴掘り、スコップで15分ほど悪戦苦闘の末、両手で2メートルほど引きずってきて終了。全身泥まみれ、顔は鼻水でぐしゃぐしゃだけど目は晴れやか。

前夜から熱っぽくなり、午前4時半、泣いて目を覚ます。病院で診察後、39・7度の高熱に、夜は数分ごとに身体がぴくついて泣いて起きる。苦しそうでねむれない様子に親も切ないが、数日で回復。

10月7日　十五夜〜12日

夜はお月見と、けいたが回復してささやかな祝宴。けいた「かんたーい！」と、3人してコップを合わせる。缶ビールの空き缶を逆さにして、菜箸をつっこんでコマのように回して遊んでいる。夫婦で迎えた3回目、3人で初の十五夜、お月見体験。

10月19日〜26日

自分でみがくように歯ブラシを渡したら、投げてから足でふんづけた。もう一度渡すと、いつのまにかFFストーブの陰にかくした（?:）。父「ハブラシはどこにやったの?:」けいた「う、?:」1歳3か月でとぼける?

21日の朝、目がさめると初雪。突然の一面まっ白な雪に、けいたは「アワワ、ワウア、アワァワ」と、驚きあわてている。父「これは〝雪〟と言うんだよ」窓外のオンコ（イチイの木）に積もったきれいな雪を渡すと、いきなり口に入れてしまった。雪の味初体験。

幼児用のハブラシを泣きながら母に差し出した。代わりに大人用のハブラシを受けとると、泣き止んで自分で歯をみがいた。串から外したヤキトリをあげると拒否。串のまま渡したら、ニコニコしながら食べた。食事はスプーン、フォーク、手づかみで、すべて自分で食べる。服を着るのも、くつ下をはくのも、くつも自分ではこうとする。極力手出ししない、と思う間もなくカレーの入ったお皿をひっくり返して割ってしまった。

10月27日～11月3日　文化の日　【1歳3か月】

3日文化の日の朝、父は布団の中。しびれを切らしたけいたが父のシャツとジャージを持ってきた。いつまで寝てるの、とばかりのけわしい顔。そして、お出かけ。旭川美術館の木喰の像を見て、「ぱぱ　ぱぱ」。帰宅後、父が玄関前に車庫を作るための穴掘りをしていたら、けいたも声を合わせて手伝い。寒い中、けいたのズボンは雨と泥まみれ、本人は親を手助けしてうれしいらしい。その姿に親はしみじみ。

11月10日～18日

柿を食べた後、母がうっかり居間のテーブルに包丁を置いたままにしてトイレへ。数分後、けいたが包丁を手にトイレにやってきた。焦った母はすぐに包丁を取り上げた。けいたはトイレの床にひっくり返って泣いておこる。タイヘン、タイヘン。

父が食事の片付け。けいたは手伝いしようと、ノリのびんを父に「はい」と渡そうとした瞬間、滑ってテーブルの角に口を強打、唇の内と外を切って血を流した。スローモーションで見るような出来事にぼう然……。

朝食後、父の靴と自分の〝くっく〟を持ってきて、外にいこうとお誘い。外は霜柱が立って冷えるが、けいたはとてもうれしそう。元気よく表に出た瞬間、家の前の凍った坂で滑って、鼻とおでこに切り傷とすり傷。

11月19日　雪降り〜30日　【1歳4か月】

早朝から布オムツがぐしょ濡れで、朝だけで3回取り替える。紙おむつが新しく使われ始めていたが、父の母が送ってくれた晒し木綿で布オムツを縫って使用していた。数日後、我が家でも〝漏れない〟がうたい文句の新発売の紙おむつに変更したが、けいたのおしっこを収容しきれず、パジャマの上下、ふとんもぐっしょり。

12月5日〜9日

保育園のもちつき大会で、はじめてのお餅体験。きなこもち1個、納豆餅2個、あんこ餅3個で、大食い。

トイレ中の父にわざわざみかんを持ってきてくれた。気がきくけど、場所がなぁ。次には、持って来た絵本〝12の月たち〟を読まされた。

12月11日　雨から雪にかわる～15日

保育園から帰ってきてからご機嫌斜め。悪天候のため外で遊べなかったせいか、食べ物をなげたり、栓抜きでお椀や皿を強くたたく。なんど言っても聞かないので、父が栓抜きを取り上げて、その手をひとつたたいた。けいたの顔を見つめる。おこられたのがわかるのか、父に初めて手をたたかれて、戸惑った悲しそうな目をして泣いた。たたいた手の感触とけいたのあふれる涙の目は忘れない。

朝から元気はつらつで雪の積もった縁側に素足で出た。足についた雪を、身体を折り曲げて、必死にしゃぶろうとしている姿がおかしい。

折角の日曜日の早朝、父が布団に潜り込んでいると、寒そうな顔してけいたがぐずっている。見ると、父のジャージを持って「ヤーヤ、ウーウ」、仕方なくジャージをはくと、次はシャツを持ってきて「アーウー」、それを着ると、次は自分のセーターを指さして「ウーヤー」、それを着せると、両手を差し出してきて、だっこ。指示順は的確で、父はもうねてられない、母はまだぐっすり。

12月16日～26日

吹雪模様で母を迎えに行った帰り、クルマの中でけいたが父にほおずりをしてチュー。晩にはビールびんを両手で持ってコップに注いでくれた。さらに父のほほを両手ではさんで、細いやさしい声で「ぱっぱー」。そんなにやさしくされた経験のない父の背はザワザワ……。

23日朝4時半から朝泣き。3日前のミニスキーやそり遊びや氷柱なめで冷えたか、午後から発熱し、急遽K病院へ行くと、風邪との診断。24日はクリスマスイブだが、症状が悪化し、ぐったりしてダッコされたがる。看病を続けるが、回復せず26日は朝4時半ころからぐずついて、調子はすこぶる悪い。明るくなってから山部厚生病院へセカンドオピニオンをお願いした。原因不明の診断だが、飲み薬と座薬を処方（抗生剤と漢方薬）され、クスリを飲ませてから、症状がよくなる。

12月27日　【1歳5か月】

「おはよう」と言ったら、渓太「あーうーよっ」と返事して元気回復。

1988年1月1日㊎　元日

いたずら始め。FFストーブのスイッチを入れたり消したり、みかんを投げたり、カセットのテープをあっと言う間に引っ張り出したりで、母「ホントお腹が痛くなるよ。少しおとなしいとつい安心して目をそらしてしまい、大変なことに」。

1月2日　天気は快晴～10日

小さなすべり台で鬼ごっこ。けいたがあわててすべり台に顔から突っ込み、ゴザで顔をこすってすり傷で大泣き。泣き止んだかと思うと、座椅子の陰で、こそこそひとりでなにかしている。のぞいてみるとみかんの皮を半分むいたところ。内緒をみつかってキャーキャー言って洗面所に逃げて行った、ゆかいなこと。

1月11日～15日　成人の日

けいたは月曜病か、時折玄関を指さして「ぱっぱー」と、悲しそうにさけぶこと5回。父が帰ると目は涙でぬれている。ダッコしそれから寝るまでの1時間半がけいたと遊ぶ時間。寝る時には、ふとんの中に頭までもぐりこみ、やおら頭をむくっと出して、自分で「でたー」。おはなしやうたで寝付くまで、父の腕枕で渓太はまどろんでいる。他愛のない大事な時間。

父がゴミ捨てに行った冷たい手で、けいたの両頬をはさんだら「ちめたーい」。

夕食時にいたずらをたしなめると、けいたが右手で父の手をたたいた。父もけいたの右手をたたいた。けいたが左手で父をたたいたので、父もけいたの左手をたたいた。けいたがかなしそうに父の胸にしがみついてきて泣いた。けいたがはじめて父をたたき、父がけいたをたたいたこの日、小さいけどこの痛みを決して忘れない。けいたは1歳5か月、自分でみかんの皮をむき、くずはゴミ箱に入れるようになっていた。

1月16日㊏～21日㊍

父が新聞を読み始めると、けいたがやってきて、両手で新聞をすくいあげてしまう。それから新聞の上に、べたっと座り込む。母「けいたにとって新聞はライバルね」。

1月22日㊎　真冬なのに珍しく雨降り〜31日㊐　【1歳6か月】

けいたが少し荒れ気味。夕食の中華サラダをまき散らし、再びうつわに戻してからまき散らし、ビールのコップを倒して割り、ほかのコップにスプーンをつっこみ、ホタテのハカマをなげた。ごはんには手を付けず、席に着かずさわぎまわった。ケガしないように、そのままやりたいようにさせる。

我が家で8ミリビデオ映写会、けいたがうごきまわる自分の姿をはじめて見た。声も出ず身動きもせず、母の手をしっかり握ったまま。

2月1日〜6日

同じ絵本を1日になん回も読んでとせがむ。興味は〝12の月たち〟から〝晴れときどきぶた〟にかわる。

午後5時50分玄関で「ぱぱ！」と呼ぶ。6時50分「ぱっぱー！」と2回さけぶ。

母がトイレ中、ぺーパーを引き出しておしりをふいてくれた。母「ありがためいわくね」。一方、お風呂では母の背中に3回お湯をかけた。母「うれしい！」。

2月13日〜19日

15日・月、最低気温はマイナス26・9度。富良野の小学校ではマイナス25度以下では授業開始1時間遅れになり、マイナス30度以下の場合は休校となる。

極寒の中、父を見送り後、母とスキー場へ散歩。40分間朝日を浴びて雪あそびを楽しむが、寒くなったので、母「帰ろうよ」。無理に連れて帰ると、20分間玄関で泣き続けた。

2月20日最低気温：マイナス19度～26日

産み月の近い母が、けいたを風呂に入れた。渓太がせっけんで滑って頭から湯船の中に落ちた。母はとっさに足をつかんだが、頭はすっぽり浴槽の中へ。浴用剤入りのお湯をたっぷり飲んでしまった。父は隣のトイレで〝バタン〟の音を聞いたが、一瞬の静寂の後、激しく咳き込む泣き声と母のあわて声に、出るものも取り敢えず隣の風呂へ。

2月27日～3月4日　【1歳7か月】

雪ふりの日、旭川丸井今井デパートへ。ゲームコーナーでは、親を無視してドライブゲーム中の小学生のとなりで、くっついてすわってのぞきこんでいる（いやがりもせず小学生のお兄ちゃんありがとう）。30分以上たっても戻ってこず、父と母は寂しさ隠せず。一緒にけいたの服を物色中、大きい女の子がやってきた。けいたがその子を手で押そうとしたら、やおら女の子は、けいたの手をにぎって握手。すぐに女の子の母親が来て「すみません」と言って連れて行った。けいたはポカン。

父が帰宅後に玄関前の除雪。けいたが箱からビールの空びんを出してきては車庫前にきれいに並べ、まっ白い雪に茶色のびんのオブジェがあざやか。

父が職場の会議中に母より緊急電話。母がゴミ捨てに外に出たスキに、けいたが玄関のカギをかけてしまった。母はあわててタクシーで父の職場に自宅のカギを取りに来た。この間約20分間、泣き続けた。母「赤ん坊を産み落とすくらいあせった」。

3月12日　雨降り、雪解けで道路はザクザクに～19日

13日・日、午後1時40分。母が、次男（1年8か月下の年子）を出産。奇しくも青函連絡船が80年の幕を閉じ、青函トンネルを初めて営業列車が走った日、小さな命もトンネルをくぐり抜けて、この世に顔を出した。

17日、病院でけいたが赤ちゃんと初対面、「あっか、あっか」と顔のあちこちにチュー。おさんどんのおばあちゃんと散歩中、近所のアイヌ犬の姿が見えない。けいた「わんわ、いないわ」と、おばあちゃんに教え、おとなと自然な会話成立。

3月20日　春分の日、雪ふり～25日

天気悪く、夕方に外へ出る。けいたに車庫の氷柱を雪山に登らせて取らせると、すぐに口に入れた。写したカメラを戻すため家に入ると、外で泣き声がする。あわてて出ると、雪山から滑った顔は雪まみれ。すぐにフロで温めようと家に入れると、さらに泣き叫んだ。なだめてフロに入れたが、持っていたプラのコップで父は顔をたたかれてしまった。まだ外で遊びたかったんだな……。翌日は車庫の屋根に上がって雪下ろし。けいたはすべり、転げ、べそをかきながらも父のそばを離れようとせず、スコップで雪かきの手伝い。そして一緒に屋根に腰かけていっぷく。大きな氷柱を口に入れたら、汗も疲れも消えてにっこり。

22日：吹雪、ちょっと目を離したスキに、けいたがベビーベッドの〝あっか〟の脇に潜り込んで、赤ちゃんの胸を軽くたたきながら、子守うたをうたっている。子守された記憶があるのか、不思議なこと？

赤ちゃんに向かって「おいで、おいで」、トイレ中の父には外から「でてこいやー」。「だんけん、ぐー、ぱー、ちー」「あか、しろ、きー」と、ことばがゆたかになる。

朝目覚めてから泣き止まない。父の下着に潜り込んで、同じ首穴から顔を出したらニコニコ顔に。百科事典の人物写真に「パパはいないか」、ひげ男をみつけ「パパ、いたー」。

3月27日　なごり雪～4月6日　【1歳8か月】

次男が生まれて初めて過ごす母と子ふたりの1日を、母はさんざん手こずったらしい。けいたが昼寝中にソファから落ちて頭を打ち、そのまま悲しそうに泣き続けた。

弟が泣くのでだっこすると、けいたは「おんぶ」で、父の腰と肩に子育て本番の重みがかかる。おんぶにだっこでふたりの温かさにはさまれる。

4月7日～15日

けいたが〝チューリップ〟のうたをうたっている。その声を聞きながら、赤、白、黄など色とりどりの花を思い浮かべ、父・母な感傷的な気分に。

4月16日～26日

朝食後、父「歯をみがこうよ」、けいたは「いいからぁ」と逃げた。お風呂で父「頭を洗おうよ」、「いいからぁ」またしても逃げられた。〝いやや〟からやんわり拒絶へ、このことばをどこで仕入れた？

弟のゲップのミルクが付いた口に、けいたがチューをした。その時に自分の口に付いたミルクをなめて、すごいしかめっつらに。親は大笑い、いくらミルクと言ってもネェ。その味は想像がつかない、すーっぱい！　ヨーグルト？

4月27日〜5月4日　国民の休日　【けいた1歳9か月】

心地よい晴れの日、けいたが近所の家にあがり込んでいた。さらに、はだかんぼうのまま、近所の別の家に行き、そこのおばさんに「はだし、はだかでいいの？」と、連れ戻されてきた（けいたのはだかんぼうの季節）。

長沼のハイジ牧場へ。けいたがうし、うま、ひつじ、とり、いぬなどに興奮。広場のサッカーにも大興奮して、いつの間にか知らない家族のチームにまじって、いっしょにボールを追いかけていた。その家族に感謝。

寝室の窓（外は地面から1・5Mくらいの高さか？）から、親の前で外に降りて見せた。以前には親のいない時に、ひとりで降りてあごにけがをしたのに……。

旭川で苗木購入。サクランボほか果樹類と白樺など、子どもふたりの記念植樹用。帰宅後、はだかのけいたが庭の鹿沼土の山に潜り込んで、なにかせっせと仕事し、肥料袋の山でさけんでいる。通りがかりのひとから「よく寒くないね」と感心される。

5月5日　子どもの日、少し雪がちらつく〜13日

おばあちゃんとの電話で、けいたは初めて「あんねえ、こあら、すいか」、そして小声で「ばあちゃん」。おばあちゃん大いに喜ぶ。

5月15日〜22日

自宅裏の森でネコにいたずらし、逆にひっかかれて泣く。

知人の家族と旭山動物園へ。けいたが、ぞうさんすべり台がツルツルのため、勢い余って頭を打ち、頭を抱えて泣いたが、めげずに繰り返しすべっている。周りのみんながその姿を見て面白がっている。サル山の柵に上って「さる、さる」と本物の猿におどろいた様子。帰宅後、父とけいたのふたりが朝日ヶ丘公園に行くと、こわそうなおじさんグループがお花見をしていた。頭を刈り込んだおじさんに「俺と一緒だ、子どもの坊主頭はいい、いい」と、かわいがられた。

けいたがひとつ下の女の子にタンポポの花をプレゼントする。ご機嫌で、父が〝すずめのがっこう〟のうたを「チイチイパッパー、チィパッパパー」と教えると、「パーチー、パッパー」。

5月23日〜30日　【1歳10か月】

けいたが脚のふくらはぎから太ももにかけて、色マジックインクで見事なボディペイントし、マルもきれいにかけるようになった。父が「どうしたの?」、けいた「じぶんでやった」。

6月3日〜17日

弟のゆびをかんでおこられたが、弟をだっこさせたら、必死にだきながら「おもてぇー」。「おもちゃのチャチャチャ」をうたいながら、イスを冷凍室に寄せて自分でアイスクリームを取り出した。

ロッキングチェアに座って、自分でゆすりながら「ねん〜ねこ、ね〜んねこ、ねーんねこよー♪」とてものどかなけしき。

富良野平和祭で町は人でいっぱい。色とりどりのお店にけいたは目を丸くかがやかせ、初めてのお祭り体験。屋台の風船釣りから少し離れてしゃがんだが、お店のおばさんの「おいで、おいで」の声に、少しずつにじり寄って行く。初めは恥ずかしそうに、ついには風船に手をのばし、ようやく釣りに挑戦。釣れなかったが、ひとつもらっておおよろこび。

6月19日〜28日　【1歳11か月】

父「みんなで昼寝するか?」するると、けいたが父の手を引いて玄関へ連れて行った。なにかわからず「これか?」とカギを指したら、「うん!」カギをしめて、ということらしい。どうしてカギを知っている?

25日、日本海側、増毛町の民宿へ。途中留萌の黄金海岸で岩と海にたわむれる。風はまだ冷たいが、けいたはオムツだけのはだかんぼう。暑寒川と海の合流点でいっしょに川遊び、水は雪どけでもうれつに冷たい。

7月3日〜10日　やや寒い

おばあちゃんからの電話に、けいたが張り切って〝チューリップ〟のうたを2回聞かせ、ニコッと笑って、口で「ブウー」と言いながら、おしりから「びィー」とおならで、芸も達者に。

朝食はにゅう麺。けいたがつみれと麺を口に入れすぎて「オえーっ」、父がすぐ「ゴックンして！」、けいたが口の中のつみれを手で取りだしてから「ごっくん」と言った。

7月11日～17日

父と母のいさかいのためか、春に小樽方面へドライブ旅行した際に、おたる水族館でおばあちゃんと家族4人がなかよく写した写真を、大事そうにずっと小脇にかかえていた。父が出勤しようとしたところ、けいたはなにも言わずに、父の靴を出してそろえ、靴ベラを持ってきた。まだ2歳前。翌日、2階に布団を干しに行こう、と誘ったが渓太は階段下で泣いている。父は布団を干し2階の片付けをしながら「けいちゃん、おいで」と呼ぶが、泣いていて上がってこない。父が下に下りたところ、「だっこ」そうしてようやく泣き止んだ。さびしいよね、けいたの涙を見ると、父もだきしめるだけ……。

7月18日～25日

家族で芦別のさくらんぼ狩りへ。はだかんぼうのけいたのお腹は食べ放題のさくらんぼでパンパンにふくらむ。ほかのお客さんに「ぼく、いくつ？」、けいた「いっさい！」、「名前は？」、けいた「いっさい！」と答えてわらわれているが、〝名前は？〟の意味がわかっていて、この返事をする。

25日・月、家族して空知川の花火大会見物。打ち上げられる数は少ないが、堤防に寝そべって真上に開くひかりの花と響く音にけいたもびっくり。

2

満2歳
「りきくんのぶんも」たくみな誘導で貯金詐欺？

1988年（昭和63年）7月27日〜8月5日

満2歳誕生日のお祝い。

母の手作りケーキと料理を並べ、バースデーの歌を一緒に歌ってからケーキに立てた2本のろうそくを、けいたがはじめて自分で吹き消した。

母の教え子のふたりのおねえちゃんに遊んでもらったり、近所の親子にまじって野球をする。キャッチボールはトンネルばかりだが、投げ方を教わった。近所の別の小学生には虫取りで遊んでもらう。けいたが捕まえたバッタを強くつかむので、小学生はヒヤヒヤだがけいたは「おにいちゃん、おにいちゃん」とよろこぶ。けいたの、近所付き合いには壁がない。

8月6日〜14日

父がトイレ中、けいたが戸を開けて入ってきた。その手にはポン酢しょうゆのビン。父が「それはダメ！」と言ったら、すぐに戸を閉めて逃げた……。

けいたが子ども用のハシをなげて父のハシを使い、プラのカップをいやがってガラスコップで牛乳を飲み、幼児イスを拒否して大人と同じ座椅子に。座布団を半折にして高くしてやると、自分で座布団を開いてから座って、首から上だけテーブルから出している。おまけに牛乳を拒否してビールを指さし「びーる」。

けいたが、はだかんぼうで近くで工事中のおじさんたちが休憩しているところに入りこみ、パンをもらってきた。それを3等分して父も母も食べた。けいたのものなのに。

自分だけエプロンしているのが気にいらない。むしり取って投げてしまう。上の服だけ着て下は、すっぽんぽんで食事。「ごちそうさまでした」をしてから、おちんちんの先と玉袋についたご飯粒5～6粒をつまんで食べた。

母の指輪を自分の指にはめながら「これェ、なんだ？」。

8月25日～9月17日　【2歳1か月】

朝からぺれび（テレビ）でアニメ〝一休さん〟をねだる。うたは？　と聞くと、「うたいらない」「いやや」。父がトイレ中に戸を開けて入ってきて、わざわざ「うた、やや、うたいらない」。

父：海外出張（3週間）、けいたは〝父がいなくなる〟ことを察して、余計にだきついてくる。占冠駅で出発の時も大泣きしたまま、しがみついて離れようとしない。ひきはがして、列車内へ……。

けいたはおとうさんのいないストレスがピークになる。夜6時に弟を置いて自分の添い寝をせよと母に命じる。30分くらい部屋中をジャンプして泣き、わめき、叫ぶ。母はその間正座してこらえるが、ほかに方法がなくて母も泣きたくなった。くすりはアルバムのパパの写真、それを見た途端、静かになり、悲しそうな目をした。母「長期出張は2週間以内にとどめてくれないでしょうか？」。

9月18日〜30日　【2歳2か月】

けいたは朝から意味不明の「ちんだ、ちんだ」と言いながらさわぐ。そして、庭のバレイショ掘りを手伝ってくれる。掘ったいもを、持ってきて自分で埋め戻してから、コテでほりだして「あったぁ」、しあわせでのどかな1日。

夕べ水をいっぱい飲んだせいか、おねしょした。起きてからわざとふとんのおねしょのあとに転がっては、「つめたーい」、と言って逃げてくる。

室内でけいたと父がビーチバレーボール対戦。父が疲れてソファに座ったら、後ろにきて「おんぶかなぁ?」と、微妙な要求。弟が泣くと、自分で「よしよし、おんぶ」と弟をおんぶした。

けいたが「りきくぅん」と、弟をかわいがっているが、時々いじめる。弟が寝ているところを、ちょっかい出して起こしては「おきた」、悪さして弟が泣いたのを「ないてる」だって。

父がけいたの歯をみがいていると、「まだかなぁ?」、さらに横むいて「まだかなぁ?」。

こう言われると親のタガはゆるむ（気をつけなきゃ）。

けいたが「あたま、いや」と入浴剤のバ〇〇リンを入れた湯船に逃げ込み、ちょこんと首までお湯につかっていると思った瞬間、口を開けてお湯をゴクリ、「おいちぃ」。風呂から上がって「ぱぱなんか、しらないから」。頭は洗わなきゃなんないし、そんな冷たいことを。

10月1日〜10日　体育の日

皮をむいたばかりの生のトウモロコシをゆでようと、けいたに「ちょっと持ってて」と預けたら、いきなりカジリついて「かたーい」、もう一口ガブリ「おいちぃー」。

夕食の出前の生寿司を、けいたがすしネタばかり食べた。いくら、うに、えび、はまち、さば、おひょう、ほか。親は残ったネタを半分に切って、残りのシャリにのせて食べた。けいたがスポーツドリンクの大缶をわざとこぼして、母と言い合い。母「ばかもの」、けいた「ばぁかもの」そして、父「お風呂にはいるよ」、けいた「あたち、いや」、父「けいちゃん、あたちおふろに行くわよ」、けいた「もう、いやーん」（なんて親子だ）。

母「病院で予防接種を待っている間、けいたが順番を呼ぶ看護婦さんのまねして〝しらいさぁーん〟とか、〝かとぉさーん〟とか、かわいらしかったよ。けいたは小児科の先生に診てもらう時も注射も泣かなかったけど、りきくん（弟）がほかの子の泣き声にびっくりして、絶叫したんだから」。

10日前から台所の手伝いでけいたにバターナイフを使わせていた。にんじんほかの野菜を切っていたが、よく切れない。包丁を貸してとぐずるので、ケガを覚悟でつかわせた。と、間もなく指の先から血がどんどん出ている。本人はびっくりしたようだが、泣かないでいた。拭きとると急に血が止まったので、いそいでばんそうこうを貼った。数時間してはがすと、既に切口はふさがっていた、なんと治りの早いこと。

10月12日〜20日

父がトイレ中、けいたがおもちゃのフォークリフトに乗ったままおしかけてきた。父が日記を書いているボールペンを「かして、かして」。無視して書きつづけていたら、「か・し・て!!」。

10月22日〜31日　**【2歳3か月】**

童話〝大きなかぶ〟の中で〝うんとこしょ　どっこいしょ〟を、けいた「うんことしょう」。今のこだわりの絵本は〝しゅっぽつしんこう〟。自分で手を上げ、人差し指で「ちゅっぱつ、ちんこう！」

お風呂でからだ洗いをけいたが拒否する。父「洗わないならあそばないよ」、けいた「うん」、父「本当に遊ばないよ」、けいた「うん、うん」。戸を開けたら、外に出ていった。また、すぐに風呂に入ってこようとしたので、父が「体を洗わないのなら、来なくていい！」。戸の外ではだかのまま大粒の涙を流して泣いた。その時、なぜ〝よく来たね、えらいね〟と言ってあげられなかったのか、子どもにとって拒絶されることはどんなにつらいことか。大人でもつらいのに、自分がなさけない。

テレビを見ながらけいたが絵を描いている。絵を描くのが大好き。紙や鉛筆、ぺんなどなんでもよくて、絵に向かう時はほんとうに楽しそうに、頭に浮かぶまま自由自在に描いている。子どもの力や健康を考えたら、スポーツがいいと思うが、悩むところ。

絵本にあわせて、母「出発！」けいた「しんこう！」、母「前方！」けいた「ちゅうい！」、母「信号！」けいた「かくにん！」、母「やすおか！」けいた「けいちゃん！」、母「パパ！」けいた「いちばん！」。

男3人で初めてひとつのふとんで寝た。真ん中は弟でけいたが弟の肩に手をかけて、だくようにしてねむった。朝食後に、けいたにバナナを渡し、「りきくんにも、わけてあげてね」。けいた「うん！」、弟の分は約3㎝の長さだった。

11月2日〜17日

10日、雪。朝起きてからけいたが、はだかんぼう。外に出ての父の見送りは、母の毛皮を羽織っただけ。窓からしんしんと降る雪を見て、ポツリと「ゆき、たべたいなぁ」。缶入りあずきを買ってきて、きれいな雪で氷あずきにして父も一緒に食べた。父も若いころからそんな趣味（?）が、遺伝するはずはないと思うが。

けいたが大きなスピーカーの上の御殿まりを指さして「あれ、サッカーボール?」、それを取ろうと自分で階段を作った。1段目は段ボール箱、2段目は折りたたみイス、そしてスピーカーに上がったところで、とつぜん「シーシー」。父があわててだっこしてオマルに座らせた。けいたが作った階段を見て父が「よく考えたなあ」と言うと、おしっこしているけいたが振り返った。おちんちんも一緒にふりかえってしまって、オマルの外に勢いよくおしっこが飛び出した。母「ちょうどいいワックスだわ」父「……!?」。

11月18日〜26日

我が家の男3人で朝風呂での遊び。けいた「じゃまる」、父「じゃ・じゃ・まる（テレビのキャラクター）」、けいた「じゃまる!」、父「じゃじゃ」けいた「じゃじゃ」、父「まる」けいた「まる」、父「じゃ、じゃ、まる」けいた「じゃま、じゃる」、父「……!?」

居間にあるオマルのうつわを洗うため、はずしたままにしてあった。それと気づかないまま、けいたがオマルにすわった。おしっこ?　うんち?　さあたいへん!!

11月27日〜12月9日　【2歳4か月】

「むかしむかし、あるところに、ぜぺっとじいさんが、すんでいました、めでたしめでたし、おしまい」。けいたのはじめての朗読。

けいたが朝から弟をけったりして、いじめる。父が注意すると、「うんうん」と首をたてに振るが、どういう意味かわからない。おさない心で葛藤しているのか。けいたが弟をけとばした瞬間、けいたを捕まえお尻をペン（下はすっぽんぽん）。けいたは悲しそうな目をして泣いた。父「けいたくんもいたいけど、りきくんもけられていたいんだよ」。泣きながら両手を差し出してきたので、だきしめる。親の心も揺らぐ。いったい、どうしたらいい？

母と一緒に夕食つくり。けいたが包丁を使ってまな板で白菜をきざみ、アブラゲもよろこんできざむ。母がコショウを使ったのを見て、けいたが味見して「これでいいか」と苦心している。突然母に「もう、しないよ」と言い、弟に対するいたずらを反省している様子に、けなげで母もしんみり。午後5時55分、けいた「ぱぱ　おそいね……」。

けいたがオマルに座ったまま、うんちしながら両足で器用に移動し、弟が遊んでいるおもちゃを取って泣かせる。おとなしくうんちしていればいいのに。

親の目が届かないうちに、けいたが夕食用のパック入りのラッキョウを食べ、汁を飲んだ。見つかっておこられると指の間の汁をすすり、手のひらを汁につけてはなめている。一方、弟（9か月）は白菜キムチを手でふりふりたべている。赤ちゃんを卒業したばかりのけいたとまだ赤ちゃんの弟の、この食と味覚、どうする？

12月10日～21日

けいたの手伝いでアック（アイスクリーム）を手作り。牛乳に適宜はちみつ、コンデンスミルクを入れてけいたが撹拌し、父と味見して調整。道具探しに父が目を離したスキに、けいたが両手で器を持って、グビグビと飲んだ。ありゃー!? 製氷皿に適宜あんこを敷いて調味した牛乳を流し込んで、冷凍庫で凍らせてできあがり。

母「め・が・ね」けいた「めなげ」、母「め・が」けいた「め・が」、母「め・が・ね」けいた「め・な・げ」、けいたはめげない。

父がトイレ中、けいたがドヤドヤと入ってきた。弟も来たが、けいたが風呂マットでトイレにバリケード。弟が思わず泣いたら、口からジャガイモが1個、飛び出した。けいたがおもちゃを取りに出た瞬間に、弟が泣きながらトイレにバタバタと入ってきた。父は弟をだっこし、けいたも来て父のひざの上でふたりしてはねて遊んだ。トイレに初めて入った弟は、ここはどこだ？　とニコニコ。それにしても……？

12月22日〜31日　大晦日　【2歳5か月】

けいたが下痢が続いていたが、元気回復してクリスマス。おもちゃのかごを頭にかぶり、手には武器のカーペットクリーナーを持って、父のトイレ中に駆け込んできて叫ぶ。「りきくうん、おいでぇ！」、「ままぁっ！　きてぇー！」３人も、まさかぁ!?

1989年1月1日㊐　元旦〜26日㊍

浴用剤入りのお湯を水鉄砲に入れ、兄弟して水のかけあいで居間はびちゃびちゃ。残り約半分を口にくわえて引き金をひいてふたりして全部飲んでしまった。けいた「ぱぱのおともだちくるの?」。山形の知人に甘え、「ぱんつ、おじちゃんに」とはかせてもらう。ついでに服、ずぼん、そして歯みがきも。警戒することなく、ひとに身をゆだねてしまう。逆におやつやごはんをあげたり、うたを聞かせたりしてけいたは、おとなも子どもと一緒だと思っている。

父が帰宅時に車庫にクルマをいれると、どこかからけいたの「おっかえりなさぁい、おっかえりなさぁい」の声がきこえてくる。凍れる中、玄関前でパンツ・下着姿に赤い長靴のあったか〜い、お出迎え。

1月27日〜31日　【2歳6か月】

男3人でお風呂に入った。父がけいたと弟を洗った後、自分の頭を洗っていると、〝どっぼーん！　じゃぶじゃぶ！〟と、異様な音。見るとけいたがお湯の中でもがいている。あわててすくいあげたが、たっぷりお湯を飲んでしまってむせて大泣き。これで2度目、お風呂は特に気をつけなきゃ。

父「りきくん、パパの大事」、けいた「くらう!」(ちがう)、母「パパはママの大事」、けいた「くらうよ!」、けいた「けいちゃん、だいじ」、大事の意味がわかってる?

2月1日〜13日

演劇〝うちわをなくした天狗の子〟の公演の最中に、天狗の子のおとうさんが出てくる場面で、けいた「てんぐのおとうさん、おとうさん！　おとうさん！」。翌日も、同じ公演を見た時は、小声で「てんぐのぱぱ」。

2月14日　聖バレンタインデー～24日

母とチョコレートの指切りをする。母「いくつほしい？」けいた「ふたつ、けいちゃん、ちょこれーと、ありがとっていえるよ」。前もって言われてしまう。そして、はじめてバレンタインチョコをもらった。母「ご飯を食べてからにしようね」、けいた「ごっこでした、ちょこれった」

母「転んで泣いた時、助けを求めるのはいつも、ぱっぱぁー！　なんだから」。

母がトイレ中に、けいたが戸を開けて、弟に「ごらんください、ごらんください」、なんと言うことを……。

昼食後母がりんごの皮をむいていると、けいたが急に台所に行って、皮入れのざるを持ってきたり、弟にいり卵を食べさせたり、頼まないのによく手伝いをする。なにか魂胆？「せんたくもの、おわっちゃったの？」「ドラゴンボールぼくもほしいよ」。やっぱり、でもおてつだいしてだからねぇ、あまくなってしまう。

2月28日～3月9日　【2歳7か月】

けいたが「おかあさん、おかあさん」と母に抱きついた。そこへ弟も来たので、母が弟に「りきくん、どうしたの？」、母にだかれたまま、けいた「きにしない、きにしない」。

3月11日〜26日

午後のおやつを食べながら突然楽しそうに笑う、本当に心から楽しくてしょうがない、と言うように。その様子に、父・母の心もなごんでとける。

16日、父、知人と海外旅行〜25日まで。

今月初めよりけいたの替え歌はすべて「ぱぱ」の詩になっている。午後は母の知人の犬と遊ぶが、からかいすぎて手を少しかまれる。その後も、ちょこちょこ犬に手を出して知人をハラハラさせる。母がクレヨンでなぞり書きを教えると、けいたの絵の世界がさらに広がるようだ。

母「けいちゃん、鏡の前で仮面ライダーの練習してるの?」、けいた「ちがうよ、かめんらいだーごっこだよ、ごっこ!」、母「りきちゃん、パパからインドのハガキだよ」、けいた「ちがうよ、けいちゃんのぱぱだよ」、母「マイッタ、マイッタ」。

昨夜からの雪が約20cm降り積もった。しめった重たい雪だが、けいたがはだかんぼうで雪の中を走りまわっていた。

3月29日〜4月7日　【2歳8か月】

朝早く起きて、けいたが父を指さし「このおじさん、いったいだれなんだぁ!?」父「少しの間、会わなかったからって、そんな冷たいことを」

けいたが貯金箱にお金を入れてと言うので10円あげたら、自分の貯金箱にチャリン。「りきくんのぶんも」父「……」、1円あげたら、チャリン。「おとうさんのぶんも」100円あげたら、チャリン。「おかあさんのぶんも」、1円あげたら、チャリンで合計112円、なんだかことばたくみな詐欺にあった気分。

4月29日〜5月16日　【2歳9か月】

5月3日〜5日　知人宅やホテルに宿泊しながら、道東方面（厚岸《あっけし》、羅臼《らうす》、知床峠ほか）家族ドライブ旅行。道東の茶内は5月でも寒いが、知人の家はストーブでぬくぬく。けいたが上半身はだかになると、知人の男の子2人、女の子1人も一緒にはだかんぼで騒ぎまくった。除雪開通したばかりの知床峠は一面の雪でさすがのけいたも寒そう。途中、サイクリングの白人青年に声をかけられ、握手して「バイバイ」。

元気のない弟をだきかかえて「だいじょうぶ？」と心配そう。

けいたが母の作った貝汁を飲んで「あじがいい」と言う。

夜、寝ぎわに父が「明日はぶどう植えだな」と言うと、ぐっすり眠っているけいたが「あしたは、ぶどうだな」と、はっきり寝ごとに父・母びっくり。

5月17日〜27日　【2歳10か月】

金魚が死んだ。サクランボの木の下に埋めると、教えていなかったがけいたが神妙に手をあわせてお祈り。これまで金魚を買ってきては死なせ、その都度庭に穴を掘ってうめるだけだった。どこで知ったのか、手を合わせる姿に、しばし水槽で楽しませてくれた金魚への感謝を忘れていた。

6月5日～17日

病院でけいたが服を脱いでしまい、周りの人に「かぜひかないの?」と心配される。「せんせぇもーこどもも、みんないっしょなんだ～♪」「めりー、めり～ごーらんどぉ♪　ごーごー!」などと、うたいながら「なにか、ないかなぁー?」ありません、ここは病院です。

快晴、けいたがはだかんぼう、弟は「おちょまちゅくん」の下着で元気。親に向かって「あそんでくれよぉ、かめんらいだーで、ちょっとかんがえがあるから」。

6月18日　くもりの寒い日～7月7日　【2歳11か月】

病院でさわいで、知らないおじいさんにおこられたけいた。小さな声で「ばかたれ」、母「!?」。

カルタを並べて「ぼく、おはなしを、つくってるの」。

父「そろそろ仕事に行こうかな」、けいたはいきなり「ばいばい」。父「薄情者め、そういう時は行かないで、って言うんだ」と言い聞かせたが、翌朝に父「そろそろ仕事に行くよ」、けいた「まだ、いくのぉ?」。

7月8日～17日

けいたはガムを大事そうになめると「あじがついてる!」とびっくりのガム初体験。でも、飲み込んでしまった。

マイクを持って「はい、わっかりました。やめなさい、あかちゃんたち」と、ひとり芝居。母といっしょに雑誌掲載の品物を見ながら、けいた「おとうさんに、これかってもらう?」と、母にしかける。

晴れの猛暑、ビニールハウス内のビニールプールに水を入れた。けいたがきていきなりパンツを脱いだかと思うと、プールにおしっこしてそのまま飛び込んだ。プールに水を足すと、ビールの空き缶に水を入れて、得意になって飲んだ。りゅうまくんに、「これ、ビール、ビール」。缶がからになったら、プールの水を入れてのむ、とやりたい放題。父が「プールには、けいた君のおしっこが入ってるよ!」と、言うとけいたが弟にのませようとした。

朝食中にけいた「くばがた」、はてなにかな? 母「くわがた?」、けいた「あったり!」、クワガタ5匹が元気がないため、けいた「かわいそうだから」と、裏の森に放す。

テレビまんがで、ガミガミうるさい父親を見て、けいた「おとうさんみたい」。父は複雑。けいたがはだかんぼうで、弟のおむつも外してはだかにしてしまう。父「りきくんはまだ赤ちゃんだから、自分で上手にシーシーできないからおむつしてるの」。けいた「だいじょうぶ、アヒルさんでできるから」と、無理に1歳4か月の弟をアヒルのオマルに座らせた。兄の教育は通用するか、とんだめいわくか?

7月18日〜26日

母のトイレ中にけいたが、児雷也のお面を持って来た。母に「なおしてよ」。母が直すと、

「ありがとうございました」に母はびっくり。けいたは「まったね」と、元気よく戸を閉めた。

25日・火　富良野36度の猛暑。

朝日ヶ丘公園から花火見物。たくさんの見物人のいる中、突然けいたがひとりで「わぁー
すっごい！　きれいだー！」と、大声でさけんだ。

3

満3歳「さんたさんとゆきまるだ」（ゆきだるま）〝ばか〟から〝ばかぁ・や・ろぉ〟に

1989年（平成元年）7月27日～8月3日

27日、けいた満3歳の誕生日。

北海へそ祭り。昼は母と弟と3人でへそ綱引きを見物、夜は父とけいたがへそ踊りに参加。けいた「おもしろかったねぇ」。北海へそ音頭を聞き覚え、けいた「まあんなか、まなかの、どなんま～かよっ、いいじゃないか♪　い～じゃないか♪　いっい～じゃな～いかっ」。

3人でお風呂に入ると、けいたが父の背中を洗ってくれた。けいた「せなか♪　おっちり、おーっぱい♪　ちいんちいん♪」と鼻歌うたいながら、しかも仕上げにお湯までかけてくれて、父はほんわか……。

けいたにふとんしきの手伝いで枕を並ばせたら、2枚並べの左のふとんの左端にけいた、となりに父の枕をくっつけて置き、右のふとんの右端っこに弟の枕を置いた。翌日、気になったか、再び枕ならべ。左のふとんの左端にけいた、その隣に弟、右ふとんの左側に父、右側に母と冷静に配置。しかし、寝る寸前に父と弟の枕を入れ替えてしまった。

8月6日〜24日

わが家では「ばあか」と言ったら、お尻を指でピンすることにしてあった。たびたびやられてけいたは考えた。「ばぁか……でない」、父「なに、それ？」、けいた「わかった、わかった」自分で自分のお尻を軽くピタン。

弟に「おまえ〜、おまえ、いったいなにしてるのさあ〜」、弟をひっくり返して泣かせておいて「おいお前、だいじょうぶか！　だいじょうぶかっ！」と、大きな声でわめく。「いのちをたすけてやるからなっ！」

男3人でお風呂、父が排水口にしゃがんでおしっこしたら、けいた「ぼくも、ぼくも」と、父の前にしゃがんで父にお尻をペタンと父にくっつけてシーシー、けいたがおしりをずらしたところを見ると変な感じだったらしい。そして、横を見ると、弟は立ったまま、お湯の入った洗い桶にシーシー、いったいお風呂をなんだと思ってるんだ！　きみたち！

数日後のお風呂では、弟が初めて父の背中を洗ってくれた。けいた「ぼくも、ぼくも」と、弟と交代して洗い始めた。と、まもなく背中が妙になまあったかい、しかし逃げるに逃げられず、最後までおしっこをかけられてしまった。母「初体験だね」。

8月27日〜9月14日　【3歳1か月】

朝5時半起床。父「雨だね、外で遊べないね」、けいた「あめだね」、父「濡れちゃうもんね」、けいた「かさが、あるよ」、先を読まれた。

母が不調で寝ている時に、けいたが自分でパンツをはき、弟のめんどうをみながら、靴を履かせて、玄関のかぎをあけ、ペンション〝ラ〇〇〇ー〟のおねえちゃんに遊んでもらいに行った。でも、まだずぼんは自分ではけないし、長靴は左右びっこたっこではいてきた、とか。母のじゃまにならないよう、弟の面倒をみながら、ペンションのお世話に。ことばもない、ペンションのみなさまありがとうございました。

10日、けいたは風邪、「ぼく、かぜこんこんに、まけちゃったの」（アンパンマンの中のカゼ怪獣）。12日、父「けいちゃん、カゼこんこんにやられちゃったね」、けいた「でも、もうしんぱいが、いらないよ」と親の心配を気づかう。しかし、13日の午前1～2時ころから咳が始まり、午前4時過ぎに咳がひどくなって起きてしまった。4時半咳止め薬をのませるが、咳がとまらない。「いま、あんぱんまんが、たっけにきてくれるから……」と、いじらしい。14日の朝に病院へ、と思ったが、しだいに咳の症状が治まってくる。

9月15日　敬老の日～26日

けいたが弟と押入れで遊んだり、ジャングルジムを引っ張り出して、弟をのぼらせたりしていっしょにあそんでいる。アンパンマンの指人形を1、2、3、4、5、6と指を出して数えているが、どうも足りないらしい。字や数をおぼえるのはまだまだ先のことだが……。

母「けいちゃん、池で泳いでいた鳥なに？」、けいた「しちめんちょう！」。

けいた「うんちでそうだぞ」（オマルに座って）、「うーーン……！」。突然叫んだ「うんちでたぞぉ!!」、「まま、でたぞ！」、「ぱぱ、でたぞぉ！」。

9月27日〜10月5日　【3歳2か月】

ブロックの本を出してきて、これを作ってくれと父に言う。飛行機のコ○○ルドで少々難しかったけど、なんとかできた。けいた「おとうさんでも、むずかしいんだね」次には本の恐竜を指して父に「これ、なあに？」と聞く。恐竜のわからない父「……？」けいた「むずかしいみたいだね」と、心やさしい。これからこうした場面が増えそうだな……。

「おとうさん、あきとしって言うんだね」。ぱぱ、おとうさん以外に、父にも名前があるって、ふしぎそう。子どもに自分の名前を教える親はそうはいない？

スーパーに買い物に行った折、父が母に駐車の仕方で注意すると、けいたは父の口に手を当てて離そうとしない。さらに外に出た父に叫んだ「けんかするんじゃない！」。母にも「けんかするんでない」。けいたは、かなしさでいっぱい。

10月8日〜26日

父の知人の娘さんの結婚式（山形県酒田市）へ。父とけいたが参列。新郎新婦への花束贈呈をはじめて経験し、庄内の海岸、山居倉庫などの観光もして、買い物と昼食でスーパーへ。父がトイレに「ここで待っててね」、おもちゃ売り場の横で待たせたのが、運の尽き。けいた「これ、かっていい？」と見上げられてしまった。けいた「ぼく、りきくんにかしてあげるから」でダメ押し。父「うんいいよ、でもりき君にも買ってあげようよ」けいた「りきくんはもっとかわいいのが、いいんだよ」と幼児向けのコーナーへ。飛行場では、父「トイレ行くから荷物見ててね」けいた「はい、わっかりまった」と、ペタンと座り込んで荷物番で、大いに頼りになったたのしい旅でした。

弟が「こおり、ちょうだいよ」と、母に言う。母「……」けいた「かぜひくから、だめだよ」弟がぐずると、「りきくん、だいじょうぶだよ。おとうさんしごとから、もうじきかえってくるから」。

けいた「おっぱいのんで、ちんちんいじって、だっこして、ねんねして、まった、あっそぼぉ」。

午前9時富良野盆地ぐるり一周ドライブ。父は夜8時から職場のボーリング大会へ。母「けいたが、おとうさんかえってくるかな？　と心配してた」。父はけいたが寝たあとに帰宅。翌朝7時、けいたに「おとうさん、まだねてるんですか」と、ていねいに聞かれ、夜には「おとうさん、歯みがいたの？」と、気づかいのことば。

10月29日～11月14日　【3歳3か月】

けいたはお店から帰ろうとする父を押しとどめ、猛烈に泣きわめく。押し切られてお店にもどる。するとおもちゃ屋からなにかを抱えてきて、無言で父に差し出した。〝ターボラガー3千円〟、父「買えない」と戻そうとすると、けいたが両手をひろげて止める。泣きわめくけいたを抱えて店を出た。父は考えあぐねて「サンタさんにたのもうか?」の咄嗟のことばに、けいたは納得する。

夜にふとんの中で、けいたを寝かしつけながらお話をする。父「雪がふったら、トナカイのそりに乗って、サンタさんが〝みんないい子にしてたかな? りゅうまくんは泣かなかったから砂遊びのスコップ。りきくんはごはんを散らかさずに食べたから、仮面ライダーのパズル。たくやくんは……〟」けいた「ぼくは? ぼくは?」父「〝あきらくんは変身時計。たかおくんは……〟」けいた「ぼくも、ぼくも」と、なきべそ。父「あっ、サンタさんが袋を覗くと、あっ、ありました。けいた君はずっとがまんしてたから、ターボラガー‼」けいた「うわっ! よかった! ありがとう」と、泣きそうに。クリスマスまで、まだまだ、遠〜い……。それから、たびたびけいたはつぶやく「ゆきがふったら、さんたさんくるの?」「はやく、ゆきこないかなぁ」。父にとってもこんなにも待ち遠しいサンタさんははじめて。

けいたが「ぼく、おかあさんだいすきなんだもん、おとうさんもだいすきなんだもん」。時々こう言って、親を篭絡する。

道路工事で働くおじさんたちを見て、けいた「みんな、いっしょうけんめえ、はたらいてるんだもんねえ」。働く人たちにもけいたの目は注がれる。

父がぶどうジャム作り。けいたと弟も椅子を持ってきて、あれこれ手を出す。コンロの強火が危ないので強制的に移動させると、「ぼく、おとうさんもおかあさんもだいきらいだ!」。

でもすぐに「ごめんなさい」と言うので、すぐ後ろのテーブルに乗っけると「うわっ、よくみえる、ぼく、うしろからそおっとみてるからね」。子どもの好奇心をうばったみたいで、手伝いさせなかったことがくやまれる。子どもに大きらいと宣言されるといっそうめげる。

父が仕事に行く時、けいたが「おしごと、たいへんだね」のことばにほんのりする。

けいたが「さんたさん、まだなんだよねぇ。ゆきまるだ、つくれないとね」。

11月17日～27日　【3歳4か月】

けいたは積み木をしながら、「うるとらのちちは、こっくさんだよ。ままは、いらっしゃいませなんだ」。

男3人で道草散歩、たのしみながらついつい遠出に。途中で弟があるけなくなり、けいたも「あるけないよぉー、つかれたよぉー」。父は長い坂道を、ふたり抱きかかえてわが家へ。心臓ドキドキで「もう、しらん」とごねる。けいたが気になったのか、「ぼく、げんきになったよ。あるけるようになったよ」。父の機嫌はすぐなおる。

11月28日～12月11日

けいたが母の入浴中の戸を開けて、「おかあさんおっぱいかしてね」。そしてトイレにきて、父に「おとうさん、おっぱいかしてあげるね」。はて、どう言うこと？

30日、今年初めての積雪、けいたが朝からうたが出るほど元気。「ちきゅうはげんきな♪おっぱいだ～♪」。母はトナカイの格好をさせられて、けいたのそりを引き畳の上を転げまわった。「しかさんもそうだよ。となかいさんも、けいたくんにぷれぜんともってくるんだぁ〜。たーぼらがーが、はいってうしさんも」母「明日はスキーをやりたいそうです」と、疲労困憊の母は父におまかせ。

けいた「おっぱいは、パパイヤからできてるのぉ?」。

12月13日〜29日　【3歳5か月】

夕食中に突然、けいた「ねえねえ、おとうさんけんかしたらだめだよ。おかあさんもけんかしちゃあだめだよ」「けんかしたら、おとうさんをやっつけてやるからね」母「胸にグサッとくる。けいちゃん、ごめんね」父「うん、約束する」。親が子どもに叱られる珍風景。

24日・日、外は雪。ホワイトクリスマスのイブパーティー、ツリーを飾り、ろうそくを立て、けいたや弟の好物を並べて、楽しい夜を過ごす。翌朝、目覚めたら2か月も待ちつづけたターボラガーが枕元に……、寝ぼけまなこの目が見開いてかがやき、子どもには笑顔がにあう。世界中の子どもたちが、やすらかにすごせますように……。

母がお隣にけいたを迎えに行った。けいたがお隣で遊んだカルタが気に入って、帰りにそれを持ってかえろうとした。でも、それはお隣のたくやくんのお気に入り。母はカルタをもどさせ、泣きわめくけいたを無理やり抱きかかえて家に連れ帰った。けいたが泣きながら、すぐにはだしで玄関を飛び出し、マイナス10度の雪の道をふたたびお隣へ。母は、けいたの靴を持ってすぐにあとを追うと、けいたはお隣につながる我が家の雪の積もった庭へ入り込んだ。小さいからだはやわらかい雪にうもれてしまう……。母「青春ドラマをみているみたいだった」。けいたが以前にカルタをならべ「ぼく、おはなし、つくってるの」のことばを思い出した。カルタに特別なおもいがあるのかもしれない。その気持ちを思うとやるせない。それから父が帰るまでの1時間、ふとんの中で泣き続けていた。

29日・金、家族で名古屋の実家に帰省：1月4日・木まで。けいたと弟の従妹、総勢10人揃っての初めてご対面、狭いマンションは大賑わい。近くの公園で、けいたと弟はまるで春の気分で浮かれている。本州育ちのいとこたちはとっても寒そう。

1990年1月1日 ㊊ 元旦〜15日 ㊊ 成人の日

母は不調で、3人で家の前の雪山にかまくらを作った。弟は手袋が濡れて、手がかじかんで挫折。けいたと父で、約1時間で完成、「ぼくのおうちだ」父「雪のおうち、なんて名前？」けいた「かまくら」。けいた「おとうちゃん、おかあちゃんよくなるよねぇ。ごはんたべないで、またねんねしちゃったねぇ」（不調の母が心配）。

父とけいたが、一緒にトイレでおしっこ。パンツからおちんちんを出しておしっこの仕方を教える。けいたが居間で、パンツをいじっていると思ったら、おちんちんをひねり出して、初めての立ちション。オマルのアヒルの首に当たって少しとびはねたが、大成功。父「けいちゃんはスキーもできるし、おしっこもできるし、えらいねぇ」けいた「ねぇぱぱ、ぱぱはおんぶもできるし、だっこもできるんだよねえ」。

1月16日〜30日　【3歳6か月】

けいたがお経のまねごと「ばいどぉーばいぎゃーぎょうざあが〜、こんぶどぉーてんどおらいがぁ、がんじ〜らいぶばったぁ〜……」。

母「アニキたのむぜ」けいた「ぼくは、たぬきじゃない」母「タヌキたのむぜ」けいた「ぼくは、あにきじゃない、けいただ」。

けいたは弟を洗面所に閉じ込めて鼻歌まじりに「がまんしろよ」。

けいたは父のひざに座って、すかしっぺをした。黙っているので父が「けいちゃん、くさいオナラしたな」。けいたは「おいしいにおい」。さらに「そんなばかかな」。

父が弟のおしめを取り替えている時に、けいたは脇に置いたすべり台の上から弟の方に飛び降りた。当たらないように加減したようだったが、弟の頭にけいたの片足が当たり弟は大泣き。父は思わずきつく叱った。「ふんづけて、りきがしんだらどうする！」けいたも一瞬なにがおこったかわからず、キョトンとしていたが、気が付いて泣き出した。「おとうさんがわるい……、おとうさんが、わるい……」「おとうさんが……、りきくんのおしめをかえるから……、おとうさんが、わるい……」はげしく泣いて訴える。弟を抱いて、当たった場所をたしかめるとけがはないようだ。父は思わず大声で叱ったものの、厳しすぎたかもしれない、と気持ちを落ちつかせる。けいたは遊んでほしかったんだろうな。泣き続けるけいたを、しっかりだきしめ、泣く弟もだっこ。ふたりの涙の冷たさと、身体のあったかさが胸にしみてくる。

母が目を離したスキに、けいたと弟が、引き出しを階段にしてキッチンに上がり込んだ。ガスレンジ、流し、調理台とシステムキッチンの上を行ったり来たりしてお散歩、いつもと違う景色を楽しんだか？

2月3日〜14日

けいたが朝のまだ暗いうちに布団から這い出してぐずる。父「どうしたの？」、けいた「お・も・ち」と座って言う。なにのことかと思ったら、「おもちゃ箱がない」。ふたりして1階居間からおもちゃ箱を2階の寝床に運んできてふとんの中に入れ、おもちゃもあったかくしていっしょにネンネ。けいたは安心してすぐに眠りに、午前4時とても凍れる朝。

テレビショッピングのネックレスを見ながら、けいた「かあさん、どれがほしい？」母「けいちゃんがいるから宝石はいらないよ」けいた「あれが、にあうんでないか」。

2月17日〜27日　【3歳7か月】

突然、けいた「おとうちゃん、あっちのへやで、おかあちゃんとけんかしてもいいよ」。夫婦喧嘩をいやがっていたのに、どういう心境の変化？　どう返事したらいい？　悩ましいこと、この上もない。

いままでは「ばかあっ！」、「ばか」だったが、今朝から〝やろ〟がついた。少々ぎこちないが「ばかやろお、ばか・や・ろお」と、ふたことさけんだ、親に向けて？

トイレで父とけいたが連れション。けいた「さかなつり？」。なんだって？

午前中、けいたは下着のまま1時間ほど外で遊ぶ。けいたに気をつけながら、声がかかるまで様子見ながらほおっておく。凍れるらしく家に戻ってきて、母の手袋と自分の手袋を片方ずつはめ、赤と緑の長靴を片方ずつはいて下着のまま、ふたたび外に出て行った。手足は濡れ、凍るように冷たい。しばらくしてから、玄関に入る時に転んで鼻血を流した。滴り落ちるほどだったがなんとか止まった。しばらくしてから、けいたとおもちゃを買いに行き、アンパンマンヘリコプターと粘土を購入した。

ペンションのりゅうまくん（弟と同学年）が遊びに来た。けいたが母に「ばんごはん、りゅうまくんのぶんも、つくってあげて」。食べる時は「りゅうまくんに、ぼくのこしかけ、かしてあげる」そして自分は座布団に座った。

3月3日〜15日

札幌へ、知人が譲ってくれた〝マーラー　千人の交響曲〟（札幌厚生年金会館大ホール）のチケット2枚。狸小路のお店で食事後、けいたと弟は札幌ススキノの一時預かり夜間保育へ。保育所は狭い階段を上がった2階、けいたはお兄ちゃんらしくさびしがる弟をなぐさめて泣かないでいた。入り口でけいたはひとりで先に階段を上り、弟はそのあとをついて行った。知らない町の保育所で、知らない夜を、知らない保母さんや子どもたちと過ごすふたりはどう言う思いだったのか。父と母は札幌厚生年金ホールでのコンサートへ。着席し、演奏が始まってからも、振り返らずに2階に上がって行くふたりの後ろ姿が瞼から離れず、音楽は耳に入らず、時計ばかりが気になった。終わりのアンコールの拍手の中、そっと席を立ち一目散に保育所まで急いだ。知人は父のマーラー好きを知っていてチケットをくれたのだが、思い返してもホールが広かった、と言う印象だけで、コンサートの記憶は全くない。子どもを抱いてホテルに戻る。ふたりはなにも話さず、親を責めるようなそぶりもない。なにごともなかったようにベッドで飛び跳ねたり、札幌の夜景を眺めたり、テレビで青春ドラマを午後11時過ぎまで見て、おやすみ……。親もため息まじりの安堵でねむりについた。

けいたが風邪をひき、体温38・1度、夜には37・9度。翌朝早く「みずがのみたい」「おなかがいたいよぉ」とソファに横になって、布団をかぶって寝ている。しばらくして、いくらか回復したか、けいた「おかあさんスープつくってる?」母「今作ってるよ」けいた「りゅうまくんのところにもあげてね」。

3月17日〜30日　【3歳8か月】

どこで考えたか近ごろ一番のポーズ。ズボンとパンツをおちんちんのすぐ下までさげて、両手を広げてポーズをとり「おちんちんまん!」。

男3人で雪の公園へ、バネのついた動物の遊具はヒツジ、アヒルは雪から顔を出していたが、リスと馬は完全に雪の下。けいたは木の枝でほりだそうとするが、自分の顔をつっついてしまってあきらめた。けいた「りすさん、ゆきにまけちゃったねぇ」。

春分の日の朝、父が「リスさん掘りに行こうか？」と、言ったばかりに、けいたは気にしていたらしく、顔をかがやかせてしきりに「こうえんに、いこうよ」。それで弟をそりに乗せ、小さなスコップを持って公園へ。けいたが懸命に掘り出そうとするが、春の堅雪になっていて掘り出せない。父「大きなスコップがいいよ」、けいた「そうだね」と家から大きなスコップを引きずって持ってきたが、壊れていてつかえない。父が近所の知人から借りて、3人でようやく掘り出した。「りすさんとおんまたん、よかったねえ」。手と顔を真っ赤にしたけいたと弟の晴れやかな顔に、父も教えられた気がした。

母のトイレ中に、けいたが入ってきて「おかあさん、はずかしくないの？」。母「恥ずかしくないよパンツはいてるから。オチンチンマンかっこいいよ」。けいた「おっぱいまんのほうが、かっこいいいんでないか」とすかさず切り返す。もう〝はずかしい〟がわかる？

幼児

1〜3歳＝けいたの事始め

けいたは1歳ころから、春に植物が開花するように、歩けるようになったことで目的への強い意思・欲求を育て、花を開かせてゆく。このころ、けいたは親の手のひらから転がり落ちそうになりながら懸命に遊ぶ。

●1歳0か月、CDの音楽で手足を振ったり、足を踏み鳴らしたり……むしろ音やリズムが子どもの本能を動かしているようだ。1歳3か月で本物のミュージカルを見てすぐに、掃除機のホースを咥えて〝わぁーぁー〟と声を吹き込んで、初めてのうたマネ。「いやや」の拒絶ことばもこのころから。

●1歳1か月、気づいたときにはテレビのスイッチを入れていた。幼児向け番組から始まり、1歳9か月で自分でチャンネルを回し、音量調整し、室内アンテナの調整をこなした。テレビで〝はみがきシュワシュワ〟を見て、夜の歯磨きはスムーズになって、テレビの影響力を思い知らされる。2歳0か月で「うた、いやや」と、トイレに来てまで父にテレビを要求、「ぺれび、いっきゅうさん」をねだり、番組が幼児向けからアニメに変わる。

●1歳6か月、親を手本に何でもまねする。工具箱からドライバーを持ち出し、インター

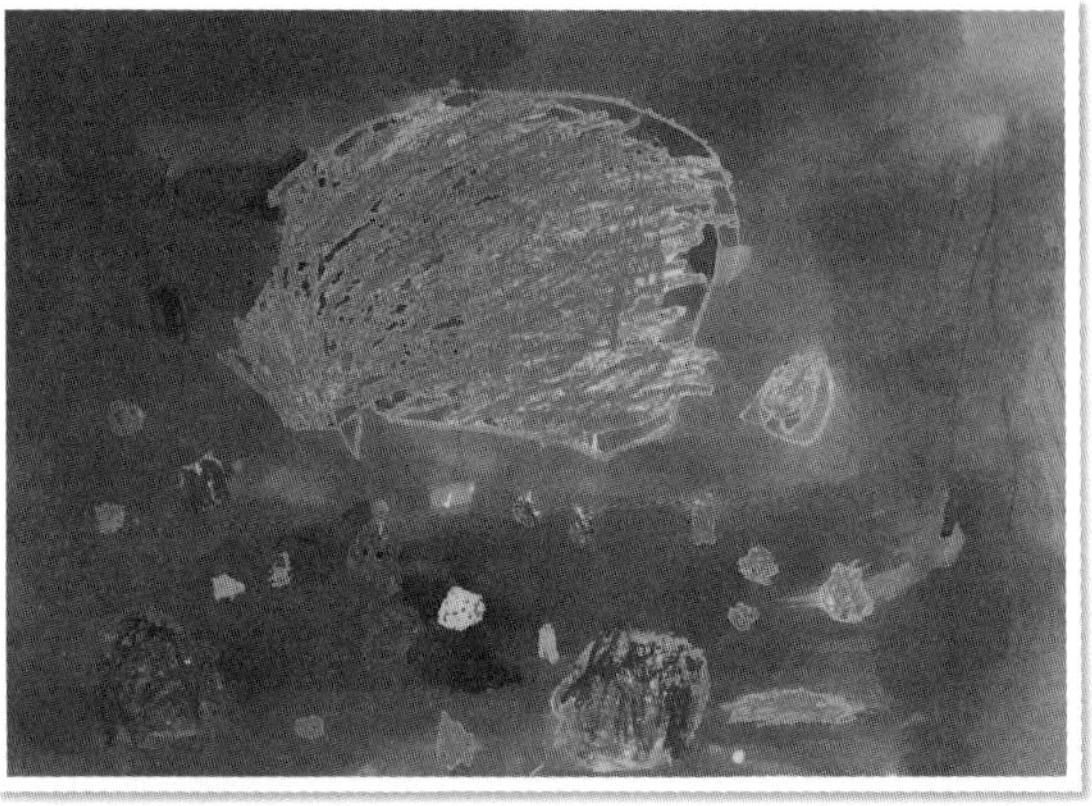

無題　幼稚園年少組　クレヨン・水彩絵具　38×54cm

フォンをひっくり返してネジにドライバーをあてがい「イッシ、イッシ……」と、1週間前の父の修理のまねごと。母の鏡の前で、わずかに残ったコップのビールに指を突っこんで、顔に「ペタ、ペタ……」

●2歳の最後の日、母がお隣にけいたを迎えにいくと、お隣さん「けいちゃん、ごはん食べたし、お父さんとお母さんが遊びに行っていいと言ったって、言ってましたよ」けいたはまだご飯を食べていない。夕飯は牛乳を少し飲んでおしまい。どこかでおやつでお腹いっぱいにしてもっと遊びたかったのか、けいたの初めてのウソ？

●3歳ころから様々なことばがふえる。「おまえ、なんだ、おまえぇー」「じょうだんで、ないぞぉー」「あたりまえでしょうがー」「いいかげんに、しなさい」どこかで聞いたことがあるようなフレーズ、夫婦喧嘩？　〝三つ子の魂百まで〟けいたに影を落としていませんように……。

Ⅱ 幼稚園のころ

1990～1993年

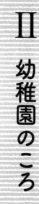

1

幼稚園年少・パンジー組
「おしくらまんじゅうはあまいの？」哲学的？なセリフ

1990年4月1日〜26日

10日・火、聖園幼稚園入園式。年少組：パンジー組で社会への第1歩。

朝おきるなり、母のおっぱいをさわりに。母「いつになったらオッパイ卒業するのよ？」渓太「ごさい」（現在3歳）。

20日、午後から元気がなくなる。体温37・6度、ソファに座りキョトンとした顔をしている。翌朝も元気なく時折「おなかが、いたぁーい」で、小児科医院で診察。初めて錠剤と粉剤両方のクスリを渓太の口に入れ、水を飲ませて「いっしょに飲んで！」と言ったら、いきなりがりっがりっと錠剤をかみつぶして、全部吐き出してしまった。

子どもとの約束を守らず、父は2階、母は1階でストライキ。渓太は二人を取りもつかのように、2階でひと遊びしては、また1階にトコトコ下りてゆく。弟は「おにいたん」と後を追う。しばらくして、時間を計ったように2階にあがってくる。父は渓太の機嫌をとろうとするが、無言のまま。悲しそうな目がしばらくしてまた1階に下りてゆく。その繰り返し後、父が1階に下りると、母は食事に外出していて、ストーブの前で、子どもふたりはひざ小僧をだき、肩寄せ合って眠っていた。テレビを点けキテレツ大百科が始まって、無理におこしてテレビをみせたが、渓太と弟に笑顔はない。どんなにふざけても笑おうとしない。簡単な食事を作って食べさせ、ふたりの歯をみがいて寝かせた。ほんとに、ゴメンね……。

4月27日〜5月14日　【3歳9か月】

朝食後に牛乳を飲んでいる弟にむかって、渓太「ぼくにも、ぎゅうにゅうちょうだい！」。弟「ないよ」渓太「なにがないんだって⁉」弟「なにが、ないって⁉」と、よくわからない話に。母「ふたりで会話をたのしんでいるのよ」。

7日・月、渓太初めて弁当を持って幼稚園へ。帰ってきて「おかあさん、おべんと、ありがとう」のことばに、母は大感激。

渓太は長いものはなんでも鉄砲にしてしまう。それでだれ彼かまわずバンバンと撃ちまくる。それを無視すると、「やられたあ〜って、しまないと、こまるよ」（死なないと）。「おちんちんまんと、しょうぶしろ」「たんぽこ（たんぽぽ）」。

5月19日〜6月11日　【3歳10か月】

渓太と弟の会話。渓太「ねえ、なにがきらい？　たべもので。あすぱら？」弟「あすぱら」渓太「しいたけは？」弟「しいたけ」渓太「だいこん、みんなきらいだよねえ」。

母のいとこの結婚式で新郎新婦への花束贈呈の大役を仰せつかる。少し緊張したものの、母の付き添いで大任を果たす。そのお返しに〝マックスキャリバー〟（おもちゃ）をもらった。家に帰ってからひとこと「また、けっこんしきないの？」。

6月13日～30日　【3歳11か月】

母に向かって、両手を合わせて祈るような、忍法のようなポーズで、渓太「りきくんにおっぱいをさわらせないでくれえ～、渓太くんにさわらせてくれえ～むにゃ、むにゃ……」。渓太、弟に「おまえはあっちへゆけ、わたしはこっちへゆく」弟「はい！」と、それぞれ反対方向に走ってゆく、本格的ドラマ。

母「女の子はね、男の子みたいにおしっこしないんだよ」渓太「うんちだけ？」。

7月1日～8日

家族で南富良野町かなやま湖畔、伊藤多喜雄、さとう宗幸コンサートへ。

夕食後、渓太「りきちゃんに、けずられたー」とめそめそ。よく見ると右のほほがみみずばれ、どうやら弟にちょっかい出した瞬間にひっかかれたらしい。でも、渓太は逆襲してひっかくことはない。

弟のオマルのうんちに、渓太が鼻を10㎝程に近づけて臭いを嗅いだ「くっちゃい‼」。渓太「ぼくがする」と、弟のオマルのうんちをトイレに持ってきてくれた。再び、弟がオマルにうんち、父がかたづけようとすると、渓太「ぼくがする」と言ってきかない。さりとて渓太にさせるわけにもいかず、父がうんちをトイレに流し、オマルを洗っても、渓太は「ぼくがする！」「ぼくがしたいんだ！」「りきちゃんのうんち　あらうから！」と、しばらく泣き止まない。一緒にさせてあげればよかったと父は後悔、渓太の気持ちがとっても嬉しい。

自分のオマルのうんちを見て、「しろいうんちがはいっているよ」父「なにか白いものを食べたかなあ？」渓太「さっき、まかろに、たべたよ」まさか……。

母に〝となりのトトロ〟の本を買ってもらい、一生懸命読んでいた。「さきちちゃん？さつきちちゃん？　う〜ん、さ・つ・き・ちゃん!?」父「あたり！」。

7月9日〜24日

母「渓太君ねえ、〝ちゅーはおとこのひとがおんなのひとにするんだ〟って、それでお母さんが渓太のほっぺに、チューすると手でふいてしまうのよ」。

父がトイレ中に渓太が弟のおしっこ入りうんちの入ったオマルを大事そうに抱えてトイレに持ってきてくれた。トイレの中は二人分で複雑なにおいだが、おかげでたすかった、ありがとう。前にはオマル手伝いさせなかったけど、できるんだねぇ、とってもいいよ。

渓太が隣の家に遊びに行った。おやつにプラムをもらって食べてから、「おとうさんとおかあさんとりきちゃんのぶんもちょうだい」といって、お土産に3個ももらってきた。母「どんな教育しているかって、恥ずかしいよ」。ホントにうれしいやら、恥ずかしいやら、申し訳ないやらで、ありがとうございました。とうさんかあさん弟のために余分におやつをもらってくるなんて？　それにしてもうれしさ押し隠して、あじわいましたが……。

7月27日～8月19日　【満4歳】

渓太満4歳の誕生パーティー。

28日、北海へそ祭りのへそ踊りに聖園幼稚園としてはじめて参加。下駄、浴衣、ねじり鉢巻き、背中にうちわをさしてカッコよく30分間おどった。

渓太「あのね、まま、それからぼくをわすれないでね」母「世話をきちんとしてほしいという訴えなんだよね」。

渓太が夕食後上着を脱ぎ、パンツを脱いで、窓からペンションに向かって突然叫んだ、「ちからを、ぬいて、ください！」父・母「……⁉」。

8月20日～31日　【4歳1か月】

父が渓太に「大きくなったらなんになるの？」渓太「おとな、ばか」。大人にとってはなんとも意味深な答え。

聖園幼稚園2学期始業式。朝から雨、渓太「あめでも、ようちえんいくのぉ？」。台風余波の雨と風、室内ではふたりはすっぱだかでたたかい。そのあと互いに「おぼえてろー」と捨て台詞？

渓太が双眼鏡で自分のおちんちんをながめていた。びっくり⁉

弟がオマルに座ってうんちで、渓太はトイレでうんち。弟が幾度も「おわったよぉ」。しかし、父がその都度ふこうとすると、弟「まだー」。今度は渓太が「おわったよお！」で、先におしりをふいた。やっと父の番が回ってきてトイレに座ると、渓太が来て「おとうさん、りきくんおわったよぉ、っていってるよ」父「……」。

母「渓太君が向かいの家に行っておばちゃんに、コー○フレークくれって言ったんだよ」渓太「ちがうよ！　ちょうだいっていったんだよ」母「それに牛乳がないなら水でいいって」、母「コテージのおばちゃんにもチョコせびったんでしょ」。自宅でおやつを食べ、お隣で食べ、どの家にはどんなおやつがあるか知っているみたい。

渓太「あんっ、あんっ、あーん」父「あっあんあん」とまねると、渓太「ちがうよ！　あんっ、あんっ、あーんだよ」父「あん、あっあーん」と渓太にならってやりなおし。なに、やってんだか？

9月1日〜20日

山部自然公園太陽の里のちゃぷちゃぷ池で遊び。はじめてゲンゴロウをみつけた。父「渓太君のパンツぬれてるよ」渓太「きのせいだ」。結局、はだかんぼうに。

弟が甘えて父にだっこされると、渓太「しあわせするなよ」。

「ゆぅ……ひゅれい？　ゆうれいってなきそうなかおなんだよ」。

渓太「ぼく、おんなのこよりつよいんだよ」、父「最近の女の子は強いよ、いじわるしたら逆襲されるんだから」渓太「おとこのこは、がくしゅうするんだから」弟「ちがうよ、ばいきんまんのぎゃくしゅうなんだから」。女の子の逆襲には、男の子は学習で対抗するか？

9月21日〜30日　【4歳2か月】

渓太「ふじのせんせえ、ぱんとぎゅうにゅうだけだったから、ぼくのおかずあげた」。母と弟と渓太の3人でお風呂。渓太「おかあさん、おちんちんないのに、どこからおしっこするの？」

「ちょっとでいいんだけど」「たくさんはいらないんだけど」「ふたつはいらないんだけど」と、微妙な数を使い分ける。

母「渓太君に今日のお弁当、なにがおいしかったって聞いたら、まず〝デザート〟だって、その次なにがおいしかったって聞いたら〝うめぼし〟だって、ほんとにいやんなってしまうよ」。

10月1日〜10日　体育の日

朝食にヨーグルトとさとうとぶどうジャム。渓太「するとっ？」、母「するとってなに？」、渓太「さとうのことだよ、しゅがーのことかな？」

渓太のおはなし「ぱーまんとはかせが、やまできのこをとって、わらわなくなった」

渓太「どらごんかいざー、かってよ」、父「サンタさんに頼んでごらん」、渓太「よるにたのんだよ。やすいよ、それにちいさいし」。サンタさんの真相を知ってか、知らずか、親の懐を見透かしたようなことを言う。それにしても、よるにだれに頼んだ？

まるくんの家に行く時、渓太が「じかんがわからなくなるから」と腕時計をして行った。でも幼稚園年少では、まだ時計の時刻はよめないはず。母「おもしろいでしょ」。

10月14日〜31日　【4歳3か月】

渓太「はなくそが、はにはさまったって、にっきにかいて」。鼻くそを食べて歯に挟まって、糸ようじでとろうとしている（どんな鼻くそだ？）。

渓太「おとうさんのおちんちんみえちゃった。おちんちんのおひげ、まっくろくて、びよーん、びよーんって」父「渓太くんのはないのかな？」渓太「子どもは、ないのだから」。

朝のテレビは〝パーマン〟が終わってすぐに別チャンネルの〝イソップ〟が始まっている。渓太「いそっぷにしてちょうだい」父「渓ちゃんそろそろテレビ卒業しなさいよ」渓太「いそっぷ、あきらめるのはいやだ！」。

11月4日〜17日

父が渓太のご飯のおかずをつまみぐいしたら、弟「いくない！　あっ、いくないよっ！」。父が弟に〝いくないってどこで覚えたの？〟と、聞こうとした瞬間、渓太「いくない、いくないって、どこでおぼえたのぉ？」（いくない：北海道弁でよくない）。

渓太「おかあさんのおっぱいわすれたけど、おとうさんのおっぱいすき」。

ミュージカル風に渓太「おさかなちょうだい〜、いえ、えっ、いえ〜♪」母「渓太くんじょうずねえ〜いえ、えっ、え〜♪」渓太「あのなあ、ぼくのこと言うんじゃないよ」。

渓太「あめは、ゆきで、できてるんだよ」みぞれのふるようすをガラス越しに眺めながら、とても雪がまちどおしい渓太。

小学生のきょうこちゃんと渓太が「いいじゃん」とじゃんことばで話していた。

朝起きて渓太「さんたさん、よるはれんしゅうしないの？」、プレゼント配達の練習？

渓太が父の手と弟の手をくらべて「このてちいさい、ぼくのてもちいさい、ということは……ぼくは子どもだあ！」。

11月18日〜30日　【4歳4か月】

朝、起きるなり渓太「これおいしくないよ。なまだから、このはなくそなまだから」父「おいしい鼻くそあるの？」渓太「かたいやつ」父「……!?」。

幼稚園で女子の生活発表の踊りを見て、渓太「あっ、ぶたじるだ！」。なにかと思ったら、踊りの曲名が〝ブラジルのおひさま〟、ブタジルの音と形に似てないこともないが……。

渓太「おとうちゃんはさらりーまん？」父「サラリーマンてどういうこと？」渓太「しゃちょうさんでないひとのことだよ」。

12月2日〜21日

朝、父出勤「いってきまあす」母「いってらっしゃあーい」渓太「ゆきだから、きをつけてねえー！」。

盛んにキックの練習をしている渓太に母「練習してウルトラマンになるんでしょ、男の子だから」、すかさず渓太「おかあさん、おなかがおおきくなったら、おんなのこがでてくるかもね」母「……」。

午後に渓太の体温上昇、2時半：37・2度　5時：39・2度。翌日に診察に行った病院で吐く、体温：39・2度。帰宅後、渓太「あれ、たべたい」父「なに？」。外を見ると軒先に小さなつらら。渓太「きらら、たべたい……」。熱っぽいんだね。

父「今日、幼稚園に行ってなにするの？」渓太「わ・か・ら・な・い」。うたいながら「いってえーの、おたのしみい〜♪」、父「はーい、アッコブー」（TVハーイアッコです）渓太「ことば、よくしってるねえ」。

1991年1月1日㊋　元旦〜24日㊍　【4歳5か月】

朝7時半起床、静かな年明け。渓太にうまれてはじめてのお年玉（100円玉5個）。

新年早々、渓太「おれってだめだなぁ、じもかけないし、えもかけない」。渓太の告白に、親はとまどう。幼児が悩むことか、どういえばいいか？

渓太「またあしたから、うんちしたり、おしっこしたり、おならをしたりするんだねぇ」なんともほがらかで哲学的（？）な新年の抱負。朝8時、渓太が父の寝床にきて「おとうさん、ちょっとおねぼうだったねぇ」。

渓太「ねえねえ、おしくらまんじゅうってあまいの？　おしえてよ」。

我が家のテレビが14型から21型に大きくなった。リモコン操作になって渓太にはわかりづらい。数日前「でえこん、かして、かして！」（大根であるまいに）。そして、今日「りこん、かして」もを抜かれて、どきっ。

渓太「にちようびのつぎ、なあに？」父「月曜日」渓太「じゃあ、げつようびにおとうさんとねてあげるから」父「それはそれは……」。

夕方、父がトイレに入っていると渓太が戸を開けて、「なにしてるの？」父「うんち」渓太は戸をしめながら、「あとでよくふいてね」。言われなくても。

1月27日〜2月5日　【4歳6か月】

ヒト型のブロックは赤・青・緑の3色ある。弟「あおが渓太くん、あかがおかあさん、これが（みどり）りきくん」父「うえ〜ん、おとうさんがいないよお〜」弟「じゃ、みどりがぼく、あかはおかあたん、あおはおとうたんだよ」渓太「ぼくがいないよっ！」父「じゃあ、いまここにおかあさんはいないから緑がりきくん、青は渓太くん、赤をおとうさんにしたら？」渓太「だめえー、おかあさんさべしがるよ！」（さびしがる）。

夜、暗い中、布団の中で渓太が鼻くそをほじくって父の口に入れた。父はなにかわからなかったが、唇をなめるとヌルッとしている。我が子のものと思ってもハナクソはハナクソ、キモチワリィ！

男3人で布団敷き。そして、渓太が枕並べのお手伝い、左の布団に渓太、父、弟の3人の枕を並べ、右の布団には母のまくらがひとつ。弟「おとうしゃんのりきくん、いないよ〜だ」と、母を気遣い右の母の布団に移った。父「うえ〜ん、いかないでえ」と言うと、渓太が「おとうさん、おとうさん、ぼくがいるから」。4歳児が父をやさしくつつむ……、逆じゃないか。

朝起きて、父におんぶされて、1階の居間に下りる。今朝もこれ以上ない甘え声で「りきくんよりさきに、おんぶしてつれてって」。父が「甘えくさってる」と言うと、渓太は「あまえ、くさってる?」と、さびしくわらった。

渓太「ぼく、さきにうまれなかったほうがよかったよ」。弟は1年8か月年下だけど、学年は年子。兄としていじめもするが、面倒見たり、かばったり、遊び相手にもなっている。弟は時折、するどいキレで兄にせまる、兄の立場はなにかと厄介。

渓太「よるおきてて、あさからねんねするものなぁーんだ?」父「ふくろう」渓太「あさ、さむいときにきるもの、なぁ〜んだ?」父「服」渓太「ぶっぶー」父「なに?」渓太「じゃんばー!」。

2月8日〜3月1日　【4歳7か月】

渓太「きょうは、テレビでソルブレインやる日でないの?」父「今日は祭日で休みだけど月曜日だよ」渓太「だって、せんせえがにちようびが、ふたつあるっていったよ」(そういうことか、ソルブレインは日曜日の番組)。

我が家に知り合いとあかちゃんがきた。弟が渓太におしえると、渓太が母のおなかに手を当てた。母にあかちゃんがきた？　まさか。

弟が父のカバンを作った。父がそれを持って「似合う？」渓太「うん、ぺったしだよ」。渓太「おとうさん、おとこのこは、こいのぼりをかざるひだよねぇ」弟「じゃあ、おんなのこは、なにをかざるんだよぉ」父「渓太くん、りきくんに教えてあげて」渓太「ひなまつり」弟「おにいちゃん、ひなまちゅりやったんだよ」渓太「ちがう！　ちがう、ひなまつりのえをかいただけだよ」父「だれにあげるの？」渓太「おかあさん」。

3月2日〜19日

渓太「ぼく、ずうっと子どものままがいい」父「どうして？」渓太「しゅだいしたくないもん」。幼稚園に宿題はないけど、いまからプレシャー？

父が渓太をからかう。渓太は動物の絵の服をきている。父がライオンを「渓太ゴリラだ」ゴリラを「りきライオンだ」と言うと、渓太はキリンを「きりんさんだあ」父「それはぶたさんだあ」渓太「なにをかんがえてるのさあ、そんなことおとなになってもわからないの？ぶたさんは、どうぶつえんにはいないよ」と、ぴしゃり。

渓太が不調。8日に体温38・6度と上昇、その後熱は下がったが咳は続いた。13日には咳はいくらかおちついたか？　渓太「おとうさんに、かぜうつっちゃったんだねえ」。熱や咳に耐えながら、カゼ気味の父を思いやる。親はどうってことない。14日にはまだ少し咳は残り、鼻声だけど、らくになったようでとてもうれしい。

渓太「めのことを、めんたまっていうんだよ」父「じゃあ鼻は？」渓太「はなたま」父「口は？」渓太「くちたま」父「じゃあちんちんは？」渓太「……ちんたま！」。幼い子に、くだらない誘導尋問。

渓太「ぼくねえ、みるくくりーむ、かいにいったゆめみたんだよ。ぼくがなまくりーむちょうだいっていったら、おじちゃんがまちがえてはみがきくれたんだよ」。渓太は時折、はっきりした寝言や夢をみる。

3月20日〜28日　【4歳8か月】

男3人で布団・毛布の入った大きな段ボール箱で家を作り、次にそれを壊してクルマにした。渓太「おとうさんのって！」。3人で「ぶうー！」渓太「どっかーん！　ばくはつした！」。すぐに段ボールに水色をぬって「ふしぎなちからで、ひをけしたんだよ」。ふしぎって、なんて不思議。

渓太「ねえおとうさん、しちょうになったら、またおみやげかってきてくれるって、かんがえてもいいのかなあ」。もちろん出張のこと、ずいぶん控えめな要求の仕方。

渓太は朝から元気で父にキック。父「親に向かって、なんてことするんじゃ」渓太「おやって、なんだ！」。突然そう言われても……、なにかなあ？

風呂上がりに頭を拭いている父のおしりをのぞいて、渓太「うんちはどこからでてくるのか、じっけん、おとうさん」。後日、ふたたび渓太が父の風呂上がりにきて、父のお尻に両手を入れて「みさいる、はっしゃあ！」。あわせて音をつけてやった。

渓太「きょうたのしかったよ、ひとりであそんで」父「どうして？」渓太「ひとりだと、とりあっこしないし、けんかもしないし、いじめっこもないしさあ」。ひとりなんてさびしいことを……渓太は運動で人と競争はするが、争いはきらい。

渓太「おとこのこみんな、おっぱいすきなんだよ」。

2

幼稚園年中・きりん組

「ちきゅうはあいをすてる」幼稚園の人気者、ハーレム？

1991年4月1日〜10日

母がゴミ捨てでいない時、弟が「でたよお！」。それで渓太が弟のおしりをふいたのが始まりで、いまでは弟が「でたよお！」と、言うと渓太は「はぁーい」と言って、弟のおしりをふいている。頼んでもいないのに……、弟のためと、親孝行と、なみだでそう。

朝7時、父「おかあさん起きないね、朝ごはんどうしよう？」渓太「でも、いいんじゃない」父「どうして？」渓太「しごとして、つかれたんじゃない？」。母を気づかう。父急ぎ朝ごはんと渓太のべんとう準備……、そして幼稚園へ送り。

渓太「おとうちゃんとおかあちゃんがけっこんして、このうちにきたんだよ」父「どうして知ってる？」渓太「みたんだよ、おとうちゃん、おさむらいみたいだよ」。押入れの段ボール箱にはいった結婚式写真で父の羽織袴姿を見たんだね。

母と父は昼食の準備、2階の渓太から室内電話、「にかいにきてよ、りきくんさびしいっ

無題　幼稚園年中組
クレヨン・水彩絵具　38×27cm

て」と、さいそく。渓太もなんだけど、親はもちろんすぐ行く。

母がクルマの中で聞いた話。渓太が弟に教えたこと「あのな、りき、しょうがっこうへいって、それからこうこうへいって、○○○○せんた（父の職場）ではたらくと、おとうさんになれるんだぞ」弟「うん、ぼくもこうこうに行く」。カネもチカラもない父だけど、ふたりしてそんなことを……。

風呂の中で渓太〝ソルブレイン〟のポーズをとりながら「ぼくかとりにいちゃん、よ・ろ・し・く、なっ」弟「ぼく、けんた」。ふたりのテレビドラマのかけあい。

父「早く風邪なおれえー、そしたらあしたあそぼうね」渓太「びょうきでも、あそべるよ」。返すことばもない。

4月11日～22日

9日から弟が入院、母が付き添い。渓太「きょうも、りきくん、かえってこないの?」父「そう、まだ」渓太「びょうきなおったら、かえってくるよねえ」。弟がいないとさびしいね。

12日に渓太も体温38・8度で粉薬、13日午後3時：39・4度で座薬を使う。しだいに体温が下がり、夕食に父とふたりでスパゲッティを作って食べる。渓太「りきちゃんにも、スパゲッティのこしておいてあげたかったなぁ」。14日、父と渓太のふたり生活で、敷きっぱなしの布団を見て、渓太「このままにしておこうよ。ねる時、やすいからさ」父「安い？」渓太「ねりやすいからさ」。15日には渓太も朝から弟の入院に付き添うが、さすがに退屈らしく、病院ベッドのパイプをカチャカチャ鳴らしつづけた。母「もう！　ほんと、疲れたよ！」。18日に弟がようやく退院。母「ねえ渓ちゃん、りきくんがんばったね」渓太「しゅぎょうがたりないと、いけないいんだよ」。もっときたえなさいとのことば。

渓太がうんちしたあと、トイレットペーパーをおしりに挟んだままトイレから出てきた。とっても奇妙な恰好でみなで大笑い。

4月27日〜5月27日　【4歳9か月】

4月27日・土〜5月5日・日、富良野からクルマとフェリーで本州旅行：小樽、新潟、富山、高山、関、名古屋、伊賀上野、吉野、奈良、比叡山、舞鶴、小樽。初の大型フェリー体験で、渓太と弟は個室の2段ベッドに興奮、夕食後父が入浴の間、母が子どもを置いてひとりでカラオケへ。父が戻ると弟がいない。船内をいくら探しても見当たらない……焦っていると、まもなく船内放送〝お呼び出し申し上げます。りきくんのご家族の方……〟。翌朝下船後、新潟寺泊海岸で朝食、富良野に比べると、初夏のような砂浜で渓太は上半身はだかでのんびり。富山の父の姉家族と、岐阜の弟家族の歓待を受けてから名古屋の実家へ。父の母を同行して伊賀忍者屋敷、赤目四十八滝、吉野上千本桜ほか盛りだくさん。忍者屋敷で買ったおもちゃの刀はその後、折に触れて持ち出してきてはのたたかいが小学生まで続いた。

母「渓太君さあ、おかあさんば、おどすんだよ〝こんどのどようび、ぼく、まいごになってやる〟って」父と母「ご飯食べられないし、寝るところもないよ」弟「おやつも、たべられないしねっ！」と、弟がダメおし。親をためしているのか？ 家出でなくて、曜日指定の迷子というところがありがたいが……。

幼稚園へは今日から半そでシャツに半ズボンにしようとしたら、渓太「まだ、だれもはいてない！」父「人は人、渓太は渓太、それでは暑いよ」渓太「ぼく、なつうまれだからあついのだいすき、だからあついずぼんがいい」と、3段論法。

5月30日～6月13日　【4歳10か月】

母「絵が急に上達し、本日の絵は幼稚園バスが到着したところだそうです」。

父が歯をみがいていたら、渓太がトイレから出てきて、父にお尻を突き出して「ねえみて、きれい？ しあげふきしなくてもいい？」父「うん、いいよ、きれい！」渓太「やったあしあげなし！」。

6月15日～30日　【4歳11か月】

「おとうさんぼくねえ、りきくんのげったーろぼもかたづけたんだよ。おにいちゃんらしくなったしょ」。お兄ちゃんらしくってプレッシャーをかけた覚えはないけど、気持ちの負担になってるのかな？

頼まないのに、朝食の後片付けをしてくれる。弟が「ぼくもぉ」とぐずると、食器を半分わけしてふたりで片付けしてくれた。うれしいなぁ。

朝食後、「おーまるはー、うんちなんだぁ♪　ぼくは、あーきたないのが♪　だいすきなんだー♪　あ〜あっ」。

渓太が母に聞く。「どう言うために、けっこんしたのさ?」。そうなんだよね。ケンカなんて……、よく考えなさいって、言われたみたい。

母「外で渓太くんとりきくん、ふたりしてほかのおかあさんを、おばさんおばさんて言うもんだから、うちに帰ってきてもわたしのことをおばさんて言うんだよ、頭にくるよ。大学出て、もう10年か……」。

渓太「おんなのいぬは、わんちゃんていうんだよ」父「男の犬は?」渓太「おとこのいぬは、いぬ」弟「おんなのいぬのわんちゃん、かわいいんだよねえ」渓太「ちがう!」。そんな使い分けが!?　でも、ワンちゃんかわいいよねぇ?

7月1日〜10日

渓太は歯みがきして、おしっこして、布団にもぐってさぁネンネ……と、急に「ぼく、はなびしてない」。朝に父と指切りげんまんした花火の約束を思い出したらしい。それでふたりで起きだして寒い風が吹く中、ろうそくの火をつけては消え、つけては消えでかろうじて

1本ずつ花火……。渓太は満足してすぐに寝た。父も安堵、子との約束を守れて。○○○○ユースのいずもちゃんが遊びに来た。母「渓太君、目がきらきらして、すごくうれしかったみたい」。

渓太と弟があそんでいる。父「渓ちゃん歯をみがくからおいで」渓太「りきくん、はのけんさにいってくるから、まってて」。そんな大げさな。

渓太「はたらあ〜く、おにいちゃん！」母「悪事をはたらく……」。

7月12日〜26日

「ぼく、とう、も、ころし、たべたーい。とうころもし、たべたい」母「とうもろこしでしょ」。渓太はさっと言い換え「うん、とうきび、たべたい」。北海道ではとうきびとも言う。

「ぼくねえ、りきちゃんのおとうとのゆめみたの」。それはそれは……。

弟が熱を出した。父が母に「りきくんのアイ○○ン、冷やしてあるか？」渓太「ぼくも！たべたーい！」。渓太は絶好調。

玄関前のプランターに植えたインパチェンスに蝶々がきている。渓太「はげはちょう！きてるよ！　おっきいはげはちょう！」。気になるなぁ。

7月27日〜8月9日　【満5歳】

渓太「がっこうにいったら、べんきょうするって、にっきにかいといて。そしてろくさいになったら、ろーらーすけーと、かうってかいといて」。勉強で油断させて、ローラースケートの策略か？

29日：北海へそ祭り。渓太が子どもへそおどりに参加。弟の目が結膜炎のため、目やにがいっぱいついている。渓太「りきちゃんのめに、はなくそが、いっぱいついてるよー」。

家族4人で海水浴へ。日本海留萌黄金岬。増毛の民宿に泊まる。「ぼくのにっきに、うみでおよげたってかいて。こんどさ、とりにくとかれーらいすたべたってかいて。おとうさんふたつかいた？」。巧妙な催促？

父「ペンギンのおもちゃ壊したのだれ？」渓太「ぼくしらない」父「あーっ、そうゆうのはだめなんだよ、ちゃんと正直に言わなきゃ」渓太「ぼくが、こわした」父「そうか、だめなんだよ！」渓太「えーっ、おかしいでしょ、おとうさんいったしょ。じぶんでよくかんがえてごらん」。逆だなあ。

渓太「たくやくんちで、おっぱいのほんみたよ」。二人してどこかからか、引っ張り出してきて見たらしい。5歳と4歳で早すぎる気がするが、どうしたらいいの？　どんなのか、おとうさんにも見せて、とはいえないし……。

7日、母と渓太と弟の3人で七夕飾りを作った。渓太が父に「おねがいごと、かなわないの？」父「……？」渓太「ローラースケートがほしいって、たんざくにかいたんだけど」。そういうことか、クリスマスではないから、七夕では届かないよねえ。翌日、不信そうに

「たなばたって、どうすることなの？」。そうきかれてもなあ、たなばたはお願いするだけだって、当たり前のことと思い込んできた。渓太はまだ字をならっていないが、たんざくにいびつなローラースケートの字と絵を一生懸命かいていた。叶えてあげればよかったなぁ、気持ちを踏みにじったみたい……？

渓太が、きのうの夕方5時半から今朝の5時半まで延々12時間、寝続けた。朝になって、ようやく目覚めてから外をのぞいて「ゆうやけだあ！」。

8月10日〜23日

新聞の折り込み広告を指さしながら、渓太「おとうさん、これなあに？」と、知っているのに聞く。父「……ゲーム機」渓太「これみると、やりたくなっちゃうよねえ」。父は知らんぷり、母「そう言うのを、誘導尋問て言うんだよ」。

簡単な計算ができる、2たす2、2たす3、1たす1など。父に対しては両手の指の数に足りないめんどうな問題を出す。「おとうさん、5たす6は？」。

渓太「うちには、きたなーいものがあるぅ〜♪　うんちーしっこー　おっぱいい〜♪」父「おっぱいはきたなくないべぇ」。すかさず渓太「おっぱぁいはー、きれいべえ〜♪」。

洗面所で渓太「おとうさんのびん（整髪料）くろでしょ」父「これもあるよ（アフターシェービングローション）」渓太「それはしろだね、でもぴんくいやなんでしょ？」父「おかあさんの化粧水のビンは青だよ」。渓太「おかあさん、がまんしてんのさ」（男は黒、青でおんなはピンク、の渓太)。

母「いずもちゃんからお手紙もらってさ、渓太くん〝あ・り・が・と〟なんて言っちゃってさぁ。あんな渓太君を、おとうさんも見たことないわ」。さらに教えてくれた「渓太君、いずもちゃんが来たら急にかっこよくなるんだから、ことば使いもかわるしさ……。ふたりで取っ組み合いして、渓太が〝おてんばなくせに〟なんて言ったり、1階と2階で電話して……」。それは、それは……。

8月24日～9月9日　【5歳1か月】

渓太が自転車の補助輪を使ってないので、はずした。父「バランスを取りながら乗るんだよ」渓太「どうやって、ばらんすとるの?」父「一生懸命にこいで倒れないようにするの」渓太「ふーん、じてんしゃってむずかしいんだね」と、いきなり助けなしで乗ってしまった。父「補助輪もったいなかったな、りきくんで使えばいいか」渓太「りきくん、31さいまではじょぐるまつかうかもね」父「31ってどこでおぼえたの?」渓太「かれんだーにかいてあるよ」。カレンダーの一番大きい数字が31だった。

男3人でお風呂、渓太「ぼく、りすってかけるよ」父「どうして書けるようになったの?」渓太「だってかんたんなんだもの。りきくんの**り**にやすおかの**す**でしょ」父「ほかになにか書ける?」。しばらく考えて、風呂の鏡に書いた「すいかは、やすおかの**す**、けいたの**い**、やすおかの**か**」。

渓太が弟に「おにいちゃん〝ひかれてたまるか〟って言うから、りきくんくるまにのって、こっちにむかってきてえー」と、えんぎしどう。

渓太「かにさん、たべない」父「牛さん、豚さん、ニワトリさん、海老さん、みんな渓太君の身体や元気のもとになってるんだよ」。渓太「……」父「だから残さないで、ありがとうって上手に食べるんだよ」渓太「じゃ、ぼく、ありさんたべる」。ありがとうのあり？ 父「アリの料理なんてないよ」渓太「ふらんすのりょうりに、あるよ！」。ホント？

父が昼寝させようと、弟のズボンを脱がせた。渓太「ぼくも、ぬぐの？ はずかしいなあ」。ひょっとしてパンツはいてない……？

渓太「まつもとむさし」母「松本でなくて宮本だよ」渓太「みとうりゅう、まつもとこじろう」母「佐々木だよ」渓太「つまみがえしだ！」。

9月11日～25日

母「〇〇〇〇ユースのいずもちゃんが遊びに来て〝わたし、けいたくんがすき〟って言ってた。親の分までもてるかもね」。

テレビのキャンペーンを見て、渓太「ちきゅうはあいをすてる」母「地球は愛をすくうでしょ」父「……？」。〝愛は地球をすくう〟でした。しかし、いま　地球は人間に腹を立てて、災いを起こしてしっぺ返しをしているのかもしれない。人間こそ多くの地球生物のいい迷惑、人間のことばだけの愛なんていらないと思っているかもしれない。地球はあるがまま、なにも困らない。人による環境破壊の影響を強く受けた動植物は黙って絶滅してゆく。同様に人間もこまるのにね。渓太のことばの方が合っているように思えてしまう。

母がなべに火をかけたまま、おそばを買いに行ってなかなか帰ってこない。渓太「おかあさんおみせで、けんかしてんでないの？」父「どうして？」渓太「おかあさんがおっぱいそばにしてくださいって、おみせのひとがこれでいいんだよってさ」。おっぱいそば？　しばらくしてようやくあったかいそば……、渓太「けっこう、あついのたべてるんだねえ」。

外に出て行った渓太が、どたばたあわてて帰ってきて、玄関でズボンを脱ぎ、トイレに駆け込んだ。一瞬の静寂の後、渓太「うんちこぼれた、おかあさんふいて」母「ご飯食べてからね」渓太「うん、いいよ」。見ると開いたふたの付け根の便座の上に、うんちが2本乗っかっている。どうしたらこうできるか知りたいもんだ。それにしても〝うんちがこぼれた〟なんて。笑顔や涙がこぼれるとは言うけど、詩的でなんだかおかしい。

母が夕食の支度をしていると、渓太「おかあさん、なにつくってるの？　おいしいのつくってね」母「……？」。それがいちばんむずかしい。

母がトウモロコシ人形を作った。渓太「まるちゃんのおかあさんのほうが、じょうずだね」母「だれかに似てきびしいよ。まるちゃんのおかあさんが〝渓太君ておとなっぽいのねえ〟って言うんだから。渓太君みたいなあんな言い方する子なんていないよねえ」。トウモロコシ人形の出来の良しあしがわかる。

9月23日　秋分の日〜10月11日　【5歳2か月】

テレビのビールのCM〝吟仕込み、ああ、吟仕込み〟を、渓太がうたうと「にんにこみあーあっ♪　にんにこみっ」。

父「忍者って知ってる?」渓太「むかしのひとだから、いまはもういないよ。おとうさんむかしのひと?」父「そうですよ」渓太「むかしこどもだったひとだけしか、いまいきていないんだよねえ」今生きている大人をたどれば、昔はたしかにみんな子どもだったんだよねえ。なんだかむずかしい。

渓太の突然の質問「おれとおとうさんさあ、なかまなの?」父「……親子ですよ」とは言ったものの、さてどうなんでしょう?　いつまでも、仲間っていいねえ。

渓太がひらがなを読む「おなんとう」父「なでなくてへに点々だからべでしょ」渓太「おとうさん、なんでもかんたんによめてしまう!」。びっくりされるほどでもないんだけど。

渓太が母のおっぱいをさわろうとする。母「いやだよ、さわんないでくれる?」渓太「おっぱいはどうするためにあるのさあ?」……さあて?

10月23日〜11月6日　【5歳3か月】

夜、布団の中で、渓太「ねえねえおとうさん、いっきょくってしってる?」父「……?」渓太「おかあさんいっきょく、しってる?」父「一曲いかがですかってやつ?」母「うたを一曲」（同じ発想）渓太「こおりがでてくるんだよ」弟「ごっどまーず、にでてくるよ」父

「ああ、北極……？」渓太「ぼくまちがったみたい」父「でもよくしってるねえ」弟も入ってよりむずかしい話に。

母、渓太と弟を指さして「この人たち、2回もうんちしたんだよ」渓太「へん、ちがうよさんかいだよ」「こっぷぽーん、たべたいなあ」。

男3人で2階8畳間を掃除していたら、母が掃除機を持って上がってきた。渓太「ひとがいっぱいになって、ちょっといきぐるしいな」。

3日文化の日に父が渓太を文化祭2か所の展示見学につきあわせた。家に着いたら、渓太は大きな声で「ああ！　つかれた！　つかれた！」。夕方になって突然体温、39度、すぐに座薬、アイ〇〇ン、氷水で頭を冷やし安静に。体調悪いのに父に付き合ってくれたんだね……。翌4日38・5度の高熱、5日の深夜から早朝に水やスポーツ飲料を飲ませると、その都度吐いた。ティッシュで受けたが、パジャマとふとんを濡らしてしまった。水ものも全く受け付けず不安になったが、着替えさせてからほどなくして、父も一緒に眠ってしまった。明るくなってから気付くと、体温が下がり、その後渓太はごはんを食べられるまでに回復。晩ご飯をゆっくりたべながら渓太「げぼ、でなくていいなあ」と、しみじみ。

11月8日〜25日

いつものように父の左右の腕枕で寝付く。父「君たちあした（火災予防運動）はおかあさんを守ってあげてね」渓太「えーっ、どうしてえ」弟「ぼく、こどもだよ」父「子どもでも男は女の人や、女の子を守らなくちゃダメなの」渓太「おとうさん、おかあさんをまもってないっしょ」父「ちゃんと守ってるしょ、給料持ってくるし……」渓太「だっておとうさん、いないいっしょ」。言われるなあ。

朝食時、食卓テーブルの正面に座る渓太に、父が手の鉄砲で渓太の胸を撃ったつもり、渓太は頭をヒョイとそらして「おとうさんのてっぽうのたま、かみのけのとこ、ひゅーんて、とんでいった」と、すぐに反応する。

テレビで〝日本昔話〟を見ている最中に渓太が親のところにやってきた。渓太「いっしょに、しょうたいみる?」（少々こわい場面）母「渓太君、こわいからでしょう」。渓太は母のひざに乗っかって「おかあさんえらい、よくわかってるしょう」。そのあと、母のひざ上で弟に続いておならを一発「ぷうーっ」。

12月1日〜14日　【5歳4か月】

渓太のクイズ、「あきとなつとふゆに、さかないはなはなんだ?」父「さくら」渓太「ぶっぶー」父「チューリップ」渓太「ピンポーン」渓太「じゃあさぁ、ちいさいものでとをあけるものは、なあんだ?」（渓太の答えはカギらしい）父「りきくーん」。すると渓太は笑い出し、笑いをこらえながら、「どうしてえ?」父「りきくんの頭をカギ穴に突っ込んで、キュッと回したら、戸あくしょうやあ」。渓太はついに口の中のみかんを吐きだし、台所の母のところまで行って笑いころげた。

男3人でみかんを持ってお風呂に入り、上がる前にお湯の中でみかんを食べた。父「りきくん、みかん食べながら風呂の中でおしっこするなよ」と言うと、渓太笑い出してとまらない。弟がお風呂の中でオチンチンつまんでおしっこの真似、父「ほんとにおしっこしたら、雪の中に放り込む」。渓太はさらに大笑い、口からみかん汁がたれてきた。弟「しないよ、ほんとにしたらくさいっしょ」と、さりげない（弟が上手？）。

我が家で母の妹の誕生日、ケーキでお祝い。ケーキのろうそくに火を点け、妹「みんなで消そうね」と、いきなり渓太がろうそくの火を吹き消した。父「まだだよ」渓太「ごめんなさい、ぼくはおっちょこちょいなんだから」と笑わせる。5歳で自分はおっちょこちょいって？　両親またはどっちかもおっちょこちょい？

母「今、幼稚園のきりん組で、渓太君の人気が一番すごいんだって、担任の先生がそう言ってた。ハーレムみたいなんだってさ」（あやかりたい）。

渓太「ぼく、ままのすきなてんさくもやれるかもしれない」。父と母「てんさく？　水田転作？　……せんたく！」。

12月15日〜31日　【5歳5か月】

幼稚園のクリスマス会劇。渓太は〝おやゆびひめ〟の王子様の役、そのセリフ「おお、なんとうつくしいおひめさまだ、ぼくのおきさきになってください」、お姫様役はあこがれの（？）ぐみちゃん。父「ぐみちゃんも立候補したの？」渓太「ううん（否定）、先生がきめたの」。渓太の王子様役は自分で立候補し、本番では大きな声ではっきり言えた。サンタクロースの役もやってとても楽しそうだった。

渓太「こわいから、にさんち、ここにいろ」と、父と弟をトイレに押し込んだ。ムチャな。

12月24日、我が家のクリスマス会。

買い物の後、ファストフード店でおやつ。弟がメロンアイスクリームを少しすくって「おにいちゃんたべて」、渓太は素知らぬ顔してそれをなめた。ところが、自分のグレープアイスを弟にわけない。父「どうしてあげないのさ、交換だよ」渓太「りきちゃん、ぼくのあいすを、こうかんしてたべたくて、ぼくにくれただけだから、あげない」。ずいぶんな理屈、父と母にいわれてほんの少し弟にあげた。弟は渓太の空カップに口をつっこんで舌を延ばしてなめ尽くした（弟もすごい）。

新聞の折り込みチラシに〝新春のおよろこびをもうしあげます〟と書いてあるのをよみながら、渓太「お・の・う・え・よ・し・の」の、お、よ、う、し、しかあっないのに、よく読めるね、感心するよ。

1992年1月1日㊌　元旦〜15日㊌　成人の日

2日、渓太と弟、今シーズンの初スキー、さらに上達し大いに自信を持つ。スキーのあと、玄関先で闘いごっこでひと暴れ。母「渓太君スキー靴かたづけてよ」渓太「うるせぇーなぁ」

（5歳でこんな生意気セリフ）。ふたりして父と母のスキー靴をはき、ストックを振り回してのたたかい、渓太「せいぎのためなら、わたしがゆるさないっ‼」。

4日、登別温泉1泊旅行。苫小牧ファンタジードーム（巨大な屋内遊園地）に着いたとたん、渓太は喜び勇んでひとり先に走って行った。富良野とはちがうのに……、探してもどこにも見えず、迷子になってしまった。父は母と弟に「絶対に動かないで」と、入り口に残して、渡り廊下を渡り、いったん駐車場に戻る。勝手にひとりでちょろちょろして、見つけたらげんこつのひとつもと思ったが……、ブルー○○ドの陰でひとりで泣いていた。その姿を見た途端、渓太をだきしめた。「よくブルー○○ドに戻っていたね、えらかったね」。渓太の不安な思いを察し、なにも言えなくなってしまった。広い広い大駐車場、どうやってブルー○○ドにたどりついたか、わからない。

父が弟をおんぶして渓太と決闘。渓太にバックキックをしたら、渓太がよろこんで「おめえ、ばれりーなでないのか?」。父の背中で、弟も「ばれりーなって、おめえ、おんなじゃねえのか?」。父のバックキックってバレリーナに見えるのか?

渓太「ねえおとうさん、おかあさん、てれびがすきなんだよ」母「今日は〝君の名は〟を見ないで辛抱してリース作ったの」渓太「きみのわな、みてんだよ。まちこがさあ、けっこんするんだって」母「浜口さんと結婚してたんだ」渓太「はなをうってるひとなんだよ、はなぐちさんて。あっちがうか、ぼくじょうやってるんだ」父「……?」。

渓太のお手伝いして、父「そのかわり渓太君さあ、ビールをおごってちょうだい」渓太「びーる、おぶってなにすんのぉ？」。ビールをおんぶはしないけど、やっぱりだめか……。

1月17日～26日

母「卵かけごはんにしますか、おぼっちゃま」渓太「はい、おじょうさん」父「！」。

夕食時、渓太が缶ビールを父に持ってきて「ほら、きょうもありつけるぞ」父「……」。

渓太が初めてズボンにベルトをして、社会の窓からおしっこをした。父「おしっこが終わったら、オチンチンをしっかり中に押し込まないと、チャックではさんでとっても痛いからね」渓太「うん！」（経験ある？）。

渓太、テレビを見ながら「このひと、ほわいかんだよ」父「保安官でないの？」渓太「ちがうよ、ほわいかん、かーぼーいだよ」（覆面のギャングを保安官と勘違い）。

渓太「おとうさん、どうしてバンドするかしってる？」父「ズボンが下がらないようにするためでしょ」渓太「よくきがついた、わかったのは、べんきょうしてるからでしょ」。

1月27日～2月5日　【5歳6か月】

幼稚園のクラスで、いまは渓太が一番背が高い。渓太「おむこさんて、どういうこと？」父「花嫁さんの旦那さん、花嫁さんと結婚する人」。どうして、こう言うことを聞く？

渓太が弟に向かって、鉄砲のまね「ばきゅーん、おまえはしむのだ。わたしはしまない」母「文法上はいいんだよね。マ行五段活用で」（ほんと？）。死まない、死みれば、死む時、

死め⁉

母「今晩のご飯なに？　渓太君おとうさんに教えてあげて」渓太「おいのりさん！」父「おいなりさんだね」渓太「どうしておいなりさんて言うの？」父・母「……？」。

子どもふたりとも、怪獣や恐竜ばやり。〝キング・コング〟を、渓太「きんぐ・こんぶ」

母「渓太、失礼しちゃうよ、おかあさんのこと、〝としとったおじょうさん〟だって」弟「おじょうさん、どうしたの？」どっちが正直？　でも、5歳と3歳で？

夫婦は微妙な空気感、夕食後渓太「おとうさん、きょうはけんかしないの？」父「どうして？」渓太「おとうさんとおかあさんけんかするの、おもしろいもん」弟「ぼくはいやだこわいから」。弟の反応が普通で、これまで、渓太も悲しそうな目をし、おしゃべりで陽気な笑顔もことばも消えていた。それが「おもしろい」のことばに。どういう気持ちの変化があったのか？　仲裁はあきらめたか？　場外でプロレスを見ている気分か？　親の威厳もなにもあったもんじゃない、5歳の子に父・母が見おろされているよう……。

2月6日〜17日

父が帰るなり、渓太と弟が同時にしゃべり始めた。渓太「ぼくねえ、ようちえんでよしのちゃんとぶつかって、はなぢだしたの」弟「ぼくねえ、そとであそんだよ」渓太「よしのちゃんとぶつかったんだよ……」弟「そとでこのふくで、あそんだんだよ……」渓太「はなぢ、でたんだよ！」……。

渓太が思い切りあごを引いて、大きいだみ声で「はでゅー、よさるさん♪　あー、でゅわっと♪　きたもんだ」と、へんなうた。

11日、芦別カナディアンワールドへ。母と渓太はミニ英会話教室（生徒計4人）、そしてミニコンサート（観客は母と渓太のふたり、カナダの女性が2曲歌ってくれた）。

知人2人と父と渓太で完全凍結したかなやま湖でワカサギ釣り初体験。なかなか釣れない渓太が途中で泣いてしまった。それでも自分で3匹釣り、ほかにたくさんもらって家で天ぷら、渓太はたくさん食べた。

渓太「りきくん、おかあさんといっしょにねて、おっぱいさわったんだって」父「渓太君もお風呂に一緒に入ったらさわってるしょ」弟「そうだよ、おっぱいもおしりもみてるしょうや」。渓太は笑いをこらえている。父「おかあさんに言ってやろ。そしたらお弁当は、ごはんと梅干しだけになるかもよ」渓太「やったあ〜、うめぼし6こいれて！」父「どうして？」渓太「早くごはんたべおわって、すぐあそべるしょ」。うめぼし好き、あそび好きのため効果なし。

2月21日〜3月8日　【5歳7か月】

渓太「じゅうじかってなあに？」父「イエス・キリストがはりつけにされた木で、キリストのみがわりなんだよ」渓太「ねあがりってなあに？」。

渓太が父と格闘。渓太「すてーき、ぱわあー！」「すてーき、ぱんち！」父「食べてもいないものを言うな！」渓太「よこはまりんぱわー！　よこはまちゅうかがい！　よこはまでいふりっじ！」。旅行で行った横浜。

父が仕事から帰ると渓太が車庫までお出迎え。渓太「おとうさん、おとうさん、きいていて、ぼくねえしょうぞうくんとあそんでて、すべってかおをぼかっとぶつけたら、はがとれちゃったんだよ。そしてちが、はなとくちからいっぱいでたんだよ」弟「そうだよ、ちがいっぱいでたんだから」。それはびっくり！　えらかったねぇ。

3月12日〜30日　【5歳8か月】

渓太「おかあさんのつくったずぼん、はくっかなあ？」母「いやみだねえ、それは買ったのでしょ」渓太「おかあさんのつくったふく、きるかなあ？」母「それも買ったふくでしょ」と、母は手作りの服をだしてくる。渓太「おれって、ばっかだなあ」のことばと裏腹、母の反応を確かめている。

渓太ひとり先に夕食がおわった。父「渓太君、テレビでドラえもんやってるよ」渓太「きみって、やさしいんだねえ」とテレビの前へ。

22日、外は雪ふり。窓から外をながめながら、思いにふける。渓太「ただ、うちにひっこんでいるだけだ。ただ、ごはんたべるだけだ……」。

父「お父さんはもっと若いほうがよかったしょ？」渓太「うん、さんじゅうならよかった」父「そうだね……」渓太「でもねえ、ぼくのほうがたんじょうびはやい（渓太7月、父

10月）から　ぼくがはやくおじいさんになるんだよ」。渓太流の気づかい。

3

幼稚園年長・メロン組
「そんなめでぼくをみるなよ……」
アラスカデナリ国立公園へ

1992年4月1日～23日

渓太「おかあさん、しんゆうだ」母にうれしいことば。

渓太「おとうさんていいなあ」父「どうして?」渓太「だって、じぶんでふくをきめられるんだもん」父「?」渓太「ぼくたちのふく、おかあさんがきめるんだもん。それにうるさいしねえ」。

渓太が朝ごはん食べながら「ぼくねえ、おかあさんにいっぱいおやつかってもらうゆめみたよ」。母は返事できずごまかし笑い。渓太「おかあさん、いいとししてわるい」。

渓太「りきくんのあたま、ぴゅーきーにして

無題（むしとり）　幼稚園年長組
クレヨン・水彩画　39×54cm

ばす　幼稚園年長組
クレヨン・水彩絵具　39×54cm

無題　幼稚園年長組
クレヨン・水彩画　39×54cm

無題（いぬにほえられる）
幼稚園年長組　版画　54×38cm

て。

ね」。キユーピーのこと。父が息子二人を散髪する、300円はらって。

4月27日〜5月26日【5歳9か月】

母「渓太っていやなこと言うんだから、〝おとうさん、おひげがなかったら、わかくなってもっとわかいおよめさんもらえるよ〟だって」。

12日、渓太がスポーツセンターではじめて空手を習う。

渓太が幼稚園から帰るなり、たくさん吐いた。夕食は少し食べたが、それも戻してしまった。「すこしおなかがいたい」。ただ、熱はない。少々下痢気味でトイレに間に合わず、パンツにうんち。寝ながらテレビを見ていた布団にも少しうんちがついている。渓太「おならとおもったら、うんちがでてしまった」（子どもでもあるのか？）。

寝る前に食べ物の絵本（かこさとし作）を読んで聞かせた。渓太「おとうさん、おかしつくろうよ」父「そうだねえ、今度の日曜日にでも作ろうか」渓太「おとうさんとりきくんとぼくの3にんで、おかあさんにもわけてあげてさ。（ここで声が小さくなる）ねえねえ、おとうさん、おかあさんおやつだいすきなんだよ」。

5月27日〜6月12日【5歳10か月】

居間で渓太が母の横を通りすがりに、母「いつ見てもいい男だなあ」渓太「うるせぇ」。

弟が絵かきうたをうたいながら「まるかいて、ちょん。ま〜るかいて、ちょん」。それを聞いていた渓太「まるかいて、ちょん……？、おっぱいだあ！」（弟はなにを？）。

弟「りゅうまくん、やすおかでないぞ。しろいうちのりゅうまくん」渓太「もーじ、あさやまっていうんだぞ」。渓太が弟にりゅうまくんのもーじ（苗字）を教える。

渓太「くいずでぇーす、おはなしするのはどれでしょう？　いちばんきゅうかんちょう、にばん、そうでないいんこ」父「そうでない？」渓太「さんばん、ほんもののいんこ。さてどれでしょうか？」。

渓太「おれのかいじゅうから、あさいるがでた。つよいぞ」母「ミサイルでないの？」母の名前があさみだから？

2枚並べた布団の左端から右へ、父、渓太、弟、母の順で寝た。朝起きたら、父の左に渓太がななめに、そして父、弟は父に頭を、足を母の顔にくっつけて横になってねていた。いつの間にか父を飛び越えていた渓太「ぼく、どうしてここでねてるの？」父「そんなこと知るか」渓太「わからないわねえ」（母のまね？）。

6月15日～29日　【5歳11か月】

朝ごはんを渓太はいつものように食べ散らかした。母「お兄ちゃんなんだから、りきくんみなさいよ」渓太「りきくん、こぼしていいよ」。

朝食後、渓太が母に「おっぱいを、ゆーっくり、たいせつにつかいましょうね」。

弟が自分の黒いハナクソを食べた。渓太「はなから、ばふんがでてくるのはだれだ？　それはりきだ」。

渓太が父にしなだれかかって「どうぞ、おっぱいの、おめぐみをー」(父のちちじゃなぁ)。

28日、聖園幼稚園運動会の朝。渓太が玄関で「りきくん、おかあさんよんどいで!」弟「いま、かみをきれいにしてる」渓太「ばかだねえ、おしゃれしなくてもいいのにねぇ、おくれちゃう!」。

7月1日〜26日

病院通いのおかげで渓太が気にしていたイボがとれた。父「よかったねえ、もうとるものなくなったかな?　オチンチン取ったら困るしね」渓太「とったらもうなおらなくなるよ、でも、いぎりすでちんちんうってるよ。きゅうせんはっぴゃくえんもするんだよ」父「⁉」。

渓太がへんなどうぶつえんと言う本を見ていた。父「ねことライオンは親類なんだよ」渓太「じゃあ、けんかしないの?」父「けんかにならないと思うよ」渓太「そしたら、ともだちなんだね」。

渓太「きのうねえ、ぼくとりきくんとゆっくんでねえ、ぴんくたーぼにえっちしたんだよ。こうやってちゅーしたんだ」と、指でピンクターボフィギュアの胸とお尻をさわった。いきなり正直に告白されて、どうしよう?　どうしよう?

渓太「どうして、こんなおおきなおうちにすんでいるのに、びんぼうなんてしんじらんないなあ」。

母は病院に行くために、渓太と弟を父の職場に連れてきた。父は急きょ仕事を休んで、二人を連れて鳥沼公園へ行き、ひと遊び。小さな神社があったので「それじゃあ、お母さんが早く治るようにお参りしよう」それぞれ10円をお賽銭箱に入れた。そしたら渓太と弟が声をぴったりあわせて「おかあさんが、はやくよくなりますように、どうぞおまもりください……」。

父が渓太と弟をシャワーで洗い、ふたりの歯をみがいた。そして自分の歯みがきをしていたら、渓太「おとうさんも、はやくぱじゃまきて！　どうしてぱじゃまきないの?」父「パンツ好きだから」。それを聞いた渓太はずっこけて「おとうさん、ぱじゃまきないと、かぜひくぞ」。

渓太が父にビールを注いだら、テーブルに少しこぼれた。渓太「しょっくだったね、すこし、しょっく?」。渓太のことばは父の安定剤?

朝から父が渓太に、3回続けてじゃんけんに負けた。渓太「くっ、くっ、く」と忍び笑い。さらに「おとうさん、びーるのみすぎて、ばかになったんじゃないの?」。

26日、1日早い渓太の誕生パーティー。

7月27日～8月20日　【満6歳】

渓太「おぇおっこー」と喉から鼻へ絞り出すように、ニワトリの鳴きまねをする。父も「おぇおっおー」と、渓太のマネをすると、「おとうちゃん、うまい！」とほめられた。

渓太「おかあさん、ちーび、ばーか」母「もう、渓太と口喧嘩しなきゃなんないなんてやだよ」。父には「おとうさん、おならちょっとやめてくれなーい？　みんなにめいわくかかるから」。

母の体調不良につき、父が急ぎ帰宅。途中お惣菜を買って帰るとすぐに玄関に渓太が来て、「ああ、はらへった、しむそうだ」。午後7時10分。

朝食後に歯みがきしてから、またお菓子を食べた。渓太「また、はみがきしたくて、おかしたべたんだよ」。強がりを言うようになった。父が手作りの牛乳アイスを冷凍庫から出して「おお、つめてえぜ」渓太「かっこつけてやんの」。冷やかしを言うようになった。

8月26日～9月17日　【6歳1か月】

8月26日から家族でアラスカデナリ（マッキンリー山）国立公園のキャンプ旅行参加（9日間）。9月3日大阪空港着後、高砂の父の妹家族の歓待を受け、翌日富良野へ。夕食は北の峰の富鮨で無事安着の祝杯、時差ボケのせいか、渓太は少し食べただけで寝てしまった。その翌日、渓太は朝5時起きで聖園幼稚園のいもほり遠足に元気に参加、時差ボケもほとんどなく、ほんとに回復が早い。

渓太が滝修行のつもりのシャワーで体を洗い、自分で顔を洗った。渓太「これでしゅぎょうは、おわりだ」渓太「りきちゃん、でびるす（デビル？）になれるんだよ」弟「おにいちゃんもだよ」渓太「そうなんだよ、でも、りきには5ねんはやいのさ」父「渓太は？」渓太「ぼくは、ぜろねん、もうしゅぎょうはいいのさ」。

渓太「あしたからみっつもおやすみなんだよ」父「どうして?」渓太「ようちえんつくったきねんびなの」父「だれがつくったのさ?」渓太「いえずすさま、それですてーきたべたり、おさけのんだりするんだよ」弟「それにあそんだり……」渓太「ばーか、あそんだりなんかしないいんだよ。こどもじゃないいんだから」。

渓太「たくやくんのおとうさん、うらのもりできのこみつけたんだよ。りきのうんちきのことか、ばくだんきのことか」。さらにお隣さんに昼花火してもらう。渓太「おとうさん、らっかせいしってる?」父「うん知ってるよ」渓太「はなびのらっかせい」父「……」渓太「はなびをあげると、ふわりっておちてくるやつ」父「ああ、落下傘か」渓太「ふ、ふ、ふっ」(てれ笑い)。

朝、3人で遊んでいたら、突然くさいにおい。父「だれだ、オナラをしたのは? これはジンギスカンのオナラだ」弟「ひつじさんのおにくでしょ」。父が渓太をじろっと見たら、渓太「そんなめでぼくをみるなよ……」と、お尻を突き出してきたので嗅ぐと、やっぱりにおう。しばらくして弟もオナラすると、渓太と同じ臭いがする。父「ウンチも出たんでないの?」と、ズボンの中を覗き「あれっ、ないなあ」渓太「うん、うんこのきりだけ!」。霧!?

3日連続の晴れ、布団を干したら渓太が寝転がって「はわゆーにいったきぶんだなあ」「おとうさん、ひりひんていうくにしってる?」父「なに、ひりひん?」渓太「ぴりぴん?」

父「ウーん？　ひょっとして」渓太「ばななのとれるくにのこと」。

近頃、渓太は自分でアイスを手作りする。牛乳に砂糖、ジャム、アイスキャンデーを混ぜて冷凍庫へ。渓太「ちょっとあますぎる、ゆかげんだなあ」。

弟がここ数日「おなかがいたい」というので、昨夜より腹巻をした。朝、渓太がそれを見つけて「あれえ、りきちゃん、おなかにはちまきしてるよ」。

渓太が空手でむずかしい体操バランスを習ってきて、実演して見せた。渓太「ねっ、むつかしいしょ、おとうさんからてならわないでよかったねえ」。

9月18日〜23日　秋分の日

父「腰が痛いし、喉も痛い……」。母が父を「役立たず……」渓太「ちがう、おかあさんのほうだよ」母「これ、だれ洗ったの？　このごはんだれがつくったの？　今日幼稚園でお仕事したのだれ？　渓太君はいっぱいやくにたってるしねえ、いっぱい遊ぶし、いっぱいご飯食べるし、女の子にいっぱいもてるし」弟「ぼくだって、いっぺんにおんなのこにもてるよ」と、おにいちゃんへのほこ先を自分にむけようと……。危ういところを弟のことばに救われたが、渓太の心を思うとせつない。子どもを巻きこまないよう心しなきゃ、弟のもてる話もきかなくちゃ。

近頃、渓太が弟を空手の練習相手にする。練習熱心はいいが、時々弟が泣いたりする。夕食後、弟「くびのところがいたい、くびがいたい」ほどなく食べたものを全部はいた。父はてっきり練習相手が原因と思い、渓太をきつく叱った。「りきくんが死んだらどうする！もうワザをかけるな！」そして弟の歯をみがき、ふとんに寝かせた。渓太は布団をかぶって泣いた。その泣き声を聞いて、我に返る。厳しすぎることばで一方的に叱ってはいないか、渓太の姿を見て、自責の念に駆られる。こんな時こそ親は冷静さを求められる。弟が吐いたのは別の原因だった。渓太くんごめんね……。こののち、カラテの稽古中に渓太の蹴りを受けた弟の手が、骨折したことが一度あった。

大相撲秋場所　渓太「ぼく、あけもの。おとうさんはいといみず（糸みみずみたい）。おかあさんはまいのうみ」（横綱：曙、水戸泉、舞の海）。

久しぶりの秋晴れに誘われ、渓太にせっつかれて家族して砂川市にある北海道子どもの国で遊んだ。

母「床掃除したら、渓太の足でいっぱい汚れてた」渓太「うんちで、よごれたんでないの？　それと、うしのばふん」。母にせめられ、父にしかられ、それでもすぐに〝渓太〟をとりもどす。一緒にいると、ほがらかな気分になれる、大事なおとこ。

10月1日〜25日　【6歳2か月】

「けっぱれーひとなみのこどもに、なるさぁ〜♪　うーうっ！　まんぼお‼（ジャズ風に、がなる）」渓太のうたをきいていると、共に生きていると言う実感がわいてくる。

父が昼食後アメをなめた。渓太「かっかでないの？」父「……なに？」渓太「かっかあめしらないの？　ばかだなあ、みずいろのやつさぁ」（ハッカ飴？）。

渓太「ぎんさんきんさんのたんじょうび、いつだかしってる？」父「しらない」渓太「くがつ、にっかだよ」父「にっか？」渓太「そう、にのこと」父「みっかなら知ってるけど、にっかは知らないな」渓太「きんさんはにっかで、ぎんさんはみっかだよ」。

朝から渓太が弟にちょっかいを出しては、ぬりえをしている弟にいやがられていたが、瞬間弟のマーカーペンが渓太の顔へ……、左ひたいから目の下にかけて赤い線がななめにはっきりくっきり、あっれ、まあ、大笑い。

渓太「すっごい、さいしょのひとはどうやってうまれたの？」。人間のはじめの人はだれからうまれたか？　さていったい？　こんな年頃の時に、こんな疑問持ったことないなあ。

渓太が母の縞のストライプ柄のスカートをはいた。父「変なシマウマだ！　鉄砲でうってやる！　バッキューン」渓太「しまうまだから、しまないんだぞ」。

渓太「りきくん、あぶらかいてる！」。見ると、弟が足を組んであぐらをかいていた。

渓太が台所の手伝いをしながら「きゃべつのにんじんぎり、あるんだよねえ」と、りんごを細かく切って「にじんぎり」（みじんぎりだったか）。知人から、鈴虫をもらった。渓太がりんごを包丁で切って、「まま、くまようじんは？」（えさにするためのつまようじのこと）。

渓太「おとうさん、すくえあってしってる？」父「うん、四角のことでしょ」渓太「じゃあ、そーこうは？」母「Circle」（英語風に）。

10月29日～11月12日　【6歳3か月】

渓太と弟ですごろくのサイコロ振り。渓太「りきくん、あんたさんのばんだよ」（いつの間に極道に？）。

父「太鼓のCDかけようよ」渓太「えーっ、いやだ」父「じゃ、なにがいいのさ？」渓太「さゆりがいいよ」父「石川さゆりは演歌だよ」渓太「へんか？」父「えんか」渓太「ぜんか、こうやるんだよ」と足で踊る。それはたしかジェンカ、いつのまにか話が広がる。

父と母二人してコーヒーを飲んでいた。渓太が父のコーヒーに口を近づけて「うらまやしい、おれものみたいぜ」。

母と弟と渓太の3人で風呂に入った。先に渓太が出てきて言った。「おかあさんには、きんたまがないんだって」父「お母さんは女だからねえ」渓太「おんなはにんげんじゃない」父「じゃあ、なんなのさ」渓太「せえねんにんげんだ」父「……せんにん？」。

幼稚園からランドセルのカタログを貰ってきた。赤、ピンク、黒、紺、茶。渓太「ねえねえ、ぼくにはどれがぺったりだとおもう？」父「これが（ピンク）ぺったり」。

長方形のテーブルの座り方を替えた。いままでは長い方に父母が並び、その向かい合わせに渓太と弟が並んでいた。それを長い方を父と母が向かい合わせに、短い方に渓太と弟が向かい合わせにすわる。渓太が上座、父「そこは神様の席だよ」弟「じゃあ　ぼくは？」父「大将の席」渓太「ぼくはクリントン大統領」父「大統領になったばかりだから、いいか悪いかまだわからない」渓太「じゃあはじめのころのだいとうりょう」父「ワシントンかリンカーンか？」渓太「ぼく、なかざわそうりだいじん」父「……？」。

突然の渓太の質問「おとうさん、らくだってごりらたべる？」父「えっ？」渓太「あっまちがえた、ごりらってあめだまたべる？」父「うん……？」。

渓太「おとうさん、いのししどし、だったよねえ」母「渓太君、おともだちの星座みんな知ってるよ」渓太「わしざ、たかざ」父「えっ？」渓太「がちょうざ」父「えっ？」渓太「はくちょうざ！　おとうさんはてんざ？」父「てんびんざだよ」豊富な興味？

渓太「おとうさん、きょうなんのひだかしってる？」父「なにかテレビの日？」渓太「か、のつくひ」父「？」渓太「か・ら……」父「からす！」渓太「か・ら・て、きょうじぶんでおびしめていく」どんどん成長してゆく、父置いてきぼり……。

先週席替えした食事のテーブル、渓太が父の腰かけにきて、「なんかひろすぎる、おちつきわるい」。母の席に行って「おちちくさい」。さらに「おちちつき、わりい」。

夕食後の渓太のはなうた「あっあーっ　はにこんそふとで♪　くっきーが、でたーでたー♪　よっし　よっし」ゲームソフト、月、ヨッシー怪獣を折り込んで、深謀遠慮な催促？

渓太の顔に弟にひっかかれた傷が5〜6か所ある。ふざけあってるうちに喧嘩になり、弟にひっかかれる。渓太は自分で顔にばんそうこうを貼った。目立ちすぎるが、本人はちっとも気にしてないようだからまあいいか。

朝起きて、渓太「ふとんの中に、おのつくものがはえてきた」父「なに? お、ちんちんか?」渓太「おっぱい」父が渓太のちんちんをつねると、渓太「きんたまがつぶれるう～」父「きんたまってなに?」渓太「おちんちんにはいってるまるいやつ」父「きんいろしてるのか?」渓太「おとなのはぎんいろだよ」父「えっ、ぎんたまか?」渓太「あっまちがった、ちゃいろだ。ぼくのはしろいきんたまだぞ」。父、聞くんじゃなかった……。

11月22日～12月7日　【6歳4か月】

弟がトイレでうんち、渓太「りきくん、はやくしてよ、ぼくなんにもできないじゃないか。めいわくしてるんだよ」トイレの中の弟「……」。

しばらくぶりに温湯ボイラーがなおり、男3人でお風呂のお湯をたっぷり。渓太は湯船の中で足を伸ばしても背が伸びたため、かろうじて口から上が湯面の上に出ている。父が腰を上げて湯面を下げ、「りきくんも足を伸ばしてごらん」弟「ぼく、やだ」父「どきょうだめし」渓太「ぼくしってるよ、ぶっきょうって、にほんのしゅうきょうなんでしょ」。仏教も知ってる? どきょう、なんだけど。

母「渓太君ねえ、かぼちゃだんご作るのを手伝ってくれた時、なんて言ったと思う?」父「わからない」母「〝ぼく、てれびみてるだけのおとこじゃない〟って」。

父がトイレでこの日記を書いていたら、渓太がやってきた。渓太「おしっこ、ほんとにおしっこ、おまえのんきにしていられるなあ」。

渓太「おとうさん、めんごしってしってる？」父「めんごし？　しらないなあ。べんごしでないの？」渓太「そうだった、べんごしだった。みなしごってしってる？」。べんごしやみなしごを知りたいのか？

渓太「ぼくのあたまのなかには、はんぶんのうみそがはいってる」父「え？　じゃあ、もうはんぶんは？」渓太「かみさまがはいってるの」。

弟が母のパンツをはいた。渓太「ぱんつまや」「まぐまぬ」「なむがむ」「なぐまむ」（マグナムと言いたそう）。

夜9時、父「早く寝ないとあした朝のアニメ見られないぞ」渓太「おとうさんだってそうだ」父「アニメなんか見たかないわい」渓太「あにめでないよ。せーたーっていうえいがだよ」父「セーターー？　theater って言うんだ」。渓太も英語？　を使う。

母「渓太君あれ見て」見ると渓太の脱ぎ捨てたズボンとパンツ、その股のところがよく見える。母「おしっこで濡らしたんでしょ」渓太「なんたるぶじょく」母「……」。

夕食のテーブルで渓太「おとうさん、しせいがわるいぞ！　ほねがまがってる！」。ゲキが飛ぶ、おちおちしてられない。父のふとももをピチャピチャたたいて「おとうさんのあし、ひらめったいねえ」（空手の人と、比べられてもねえ）。

12月10日〜23日

突然の渓太の質問「おとうさんのじゃくてんはなに？」父「……？」渓太「そうか、ろうそくだ。あれがもえてなくなるとしんじゃうんでしょ。それならもやさなければひゃくさいまでいきられるよね」（ろうそくの炎好きの父へのありがたい？　ことば）。父「渓太の弱点は？」渓太「ぼくはねえ、おとうさんのおっぱい、おとうさんのおっぱいがないとしんでしまう」。そうか、光栄のような……？

渓太「おとうさん、おに点々はつかないの？」父「……」。渓太だみ声で「お」父「あいうえお……むずかしいな」。やってみるとわかる。どうしてそんなむずかしいことを？

16日、聖園幼稚園でクリスマス聖劇発表会。渓太は重要なナレーター、流暢に上手にできたが、その時に写したカメラの裏ブタを渓太があけてしまっておじゃんに。

父がFMラジオを聴いている。父「これがベートーヴェンと言う人が作曲した〝交響曲第9番合唱付き〟って言うんだよ」渓太「ベートーベン？　きょうきょうきょく？」弟「こうこうこく？」父「こうこうきょく」（言いずらいなぁ、ウグイスみたい）。

渓太「たべものでなにがすき？　ぼくはたこやき。おかあさんは？」母「なまずし」渓太「おとうさんは？」父「……」弟「ぼく、ぴーまんととまと」母「おとうさんはタイとウニ」（弟はすごい）。

昨夜、渓太が空手の練習から帰ると、弟が渓太のおやつをとっておいてくれた。それで、父とふたりで買い物に行った時、渓太「きのうのおんがえしに、りきのぶんもかうから」とジュースを2本買った、ギリがたいねぇ。

12月24日　クリスマスイブ〜27日　【6歳5か月】

なんか月も待ちに待ったクリスマスイブ。寝る前に渓太「ほんとにさんたさんくるかなあ?」と心配そう。父「いい子にしてないと来ないよ」……翌朝、暗いうちから「おとうさん、いまなんじ?」父「……」渓太「はやくあさにならないかなあ」父「……」渓太「おとうさん、ぷれぜんとくばった?」!、やばい、いきなりのドッキリ。父「うう〜うん」とかろうじて否定。渓太はうす暗い中、頭の上の方に目をやると、目がパッチリ「やっぱり、ほんとに……さんたさん! きたんだ‼」と、うれしさ輝く、親の心はゆらめく。その日のパーティはことのほかたのしくすごしました。

お隣のたくやくんとおむかいのりゅうまくんがお昼12時に遊びに来たので、それぞれの家に電話する。母「たくやくん、電話番号、何番?」……父「えらいねえ、よく知ってるねえ。渓太うちの番号、知ってるか?」渓太「23－○○○○、おれをあまくみゆるなよ」。

母にせっつかれて、いやいや買い物に付き合った渓太。帰ってきて、「おとうさん! さんたさんからもらったがんだむ、せいきょうのおもちゃやでうってたよー!」弟「わかった、さんたさん、せいきょうからかってきたんだ!」母「ちがう、サンタさんにはおもちゃ工場があるの」。渓太はサンタクロースに疑問を持った。おばあちゃんに電話で「ぷれぜんとのおもちゃに、ねだんがかいてあった。さんたさん、どこでかってきたんだろうね」。さらに、母の妹からのプレゼント：ダ・ガーンとガ・オーンの2体セットを取り合いのけんかをしないように、マジックインクで印をつけ、小さく名前を書いて分けて置いた。渓太がそれに気づいて「どうして、渓太くん、りきくんてかいてあるの？　さんたさん、ぼくのなまえどうしてしってるの？」父「いい子にしてるかどうか、のぞきに来た時におぼえたんじゃないの？」。くるしいなぁ。子どもを甘く見ていた親のうかつ、渓太に「おれを、あまくみゆるなよ」と言われたばかりなのに。

1993年1月1日㊎　元旦〜2日㊏

朝、新年のあいさつをしてから、二人にお年玉を渡す。そして、それぞれの昨年一年間の貯金箱を開ける。渓太の貯金箱には幾度かこじ開けようと挑戦した跡が残っている。投入口が傷ついて少し広がっている。なかみを勘定する。

富良野神社へ初詣、偶然幼稚園同級のあいねちゃんと会うが、双方照れて全く声も出ない。双方の母ばかり「あけましておめでとうございます。ほら、あけましておめでとうって、あいさつして」と、しった激励するが、全く音なしのかまえ。渓太「おみくじで、おとうさん、なにちき？」夜には、渓太と弟共にテレビに見るべきものがなくなり、退屈してふたりでたたかいごっこ。渓太が弟を押さえつけてキック。弟はくやしまぎれに「うんち、けいた！」渓太「なにを！　おまえのほうこそ！　うんちけいた！　……？」。思わず言ってしまってから気づいたが、遅かった……、新年早々〝うん〟のついた渓太の幕開け。

1月3日〜26日

正月価格が下がる3日から層雲峡温泉朝陽亭に宿泊。

渓太がお腹をこわして2回パンツをよごした。朝陽亭でもパンツにうんち、でも元気に渓太の鼻歌「ほほえみがーぁ♪　ぱんつのなかにぃー　あふれてくるう〜♪」。父が爪楊枝で漬け物を食べたら、渓太「つまよぉーじん、まっちいっぽん、かじのもとー」。

渓太が居間のストーブの前でゴロリ、「ごはんだよ」、とよんでも動きが悪い。それで体温を測ると38・2度、年末から渓太の下半身から胸にかけて小さいブツブツ、顔にも少し。顔はすごく気にして「なおるんだろうか」と半べそ。同じ症状が昨日から弟にも、今日からは父にも発生した。渓太は「えいず、でないか?」と心配している。6歳にもエイズの怖さが伝わっている。

渓太「おとうさん、えるさべつってだれ?……えるざべつってだれ?」(エリザベス)。

渓太「おとうさん5と0、たすといくつ?」父「50」渓太「ぶっぶー」父「だって、5に0をくっつけて足すと50でしょ」渓太「なんにもわかってない。0はなんにもないということでしょ、だから5でしょ」父「じゃ、50円は5円と言うこと?」渓太「……?」。

渓太「てつじん28ごう、つくったはかせしってるよ。ひきしまはかせ」父「ひきしま?」渓太「しきひまはかせ」(敷島博士)。

渓太と弟が先に風呂から上がったあと、父が体を拭いていると渓太が「ぼくがふくをもってきてやるよ」。このあとトイレでこの日記を書いていると、ふたたび渓太がきて、脱いであった父のシャツとパンツを見て「おっ、めずらしいぱんつはいてねえ」。

渓太が幼稚園から帰ってくるなり、「まやちゃんからおてがみもらったよ！」父「まるちゃんから手紙もらったの?」渓太「ちがうよ、まやちゃんだよ！」（ハートのマーク入り）。相手は社長の娘、母「学区がちがうからねえ」（幼稚園は一緒だったけど、小学校は別で離れ離れになってしまう）。後日、再びまやちゃんからお手紙をもらう。

職場の新年会で夫婦参加、会場は自宅から歩いて5分ほどのニュー富良野ホテル。留守番の渓太と弟は早めに食事も終わり、レンタルビデオを見ている。夜9時ころ母が電話すると、渓太はか細い声で泣き出しそうで母はあわてて帰った。ビデオが早く終わってしまい、弟としばらく遊び、それからふたりで歯をみがいてパジャマに着替え、渓太は弟の世話をやいていた。弟は泣きそうだったが、そのうちにソファで寝てしまった。居間のストーブがタイマーで消えたため室温がさがり、渓太は押入れから父のジャンパーを出して寒くないように弟をくるんだ。渓太はひとりで余計に心細くなってしまったのだった。翌朝、渓太と弟「もう、るすばんいやだ！」。父も母も会場が近いとはいえ、ふたりが気になってちっとも楽しめない。うれしいことに、親もまだまだ子離れできそうにない。

2月1日～21日　【6歳6か月】

5日～11日：家族して父の名古屋の実家へ。

父と母が買い物から帰ると（渓太、弟、たくやくんの3人で留守番）、まもなく知人と娘のまやちゃんが来て、渓太と弟にチョコレートをプレゼントしてくれた。生まれて初めて女の子からもらったバレンタインチョコ。母「渓太の机見て行って」まやちゃん「けいたくんのつくえ、どっち？」（父が渓太と弟に、ごっつい大きな机をお揃いで手作り）。

弟が朝早くから咳、父「りきくん、幼稚園いけそうかな？」。すると即、渓太が「ぼく、いけそくない……」。

渓太「ちょっちょっちょっ、ちょー、これがすぺしゃるあたっくなのだー」母「渓太君スペシャルアタックってちょっと黄色いんでない？」と、渓太のパンツを見せた。渓太「それが、こつ、なのだー」。

ブロックで鉄砲を作り、父の腕をつねった。父「いててて〜」渓太「すこしは、きいてるようだ！」父「少しどころか、いてえぞ！」渓太「あきれたやつだ」。

渓太と弟がけんか。渓太「なまら、おこったわよお！」母「なまら、おこったわよってどこのことば？」（なまら＝非常に、とても北海道弁）。「なしょなるまーくの、りこりたんえー、ふぁいとー、いっぱーつっ！」。渓太じゆう・じざい。

3月1日〜28日　【6歳7〜8か月】

弟の誕生会がようちえんであった。弟のなりたいものは〝おもちゃやさん〟渓太「ぼくはみやざわそうりだいじんになりたい」父「えっ？」渓太「みやざわそうりだいじんのあとつぎになりたい……、ぼく、あめりかだいとうりょうになりたい。そうりだいじんよくないんだよねえ」。父が以前に「宮沢総理大臣の支持率20％もなくて人気がないんだよねえ」と、言ったことを覚えていた。渓太のスケール壮大。

カラテから帰ってきて、母、弟の3人でお風呂に入った時、渓太「ぼくはげっぱにする！」と坊主頭にすると宣言。「13にちに、いっきゅさんにする！」。

11日、渓太「ぼくおんどはかる」体温を測ると37・6度。渓太「ねっ、ぼく、うそいってないしょ」。夜に入って38・3度に上がる。翌日、母「渓太君、鼻水出ないの？」渓太「うん、ぼく、すとーぶにからまってるから」。夜の体温37・8度。翌々日の朝、渓太「おとうさん、しんどはかって」父「震度？」渓太「うん、ピッピッってなるやつ」渓太の震度36・9度。

弟は「きりえちゃんがすき」と白状した。父「渓太は？」渓太「20ねんごをたのしみにしててねえ」。そんなはくじょうな、渓太君はくじょうしてぇ……。

ホワイトデーとやらで母、渓太、弟の3人でまやちゃん宅へ。前もって連絡はしてなかったけど、まやちゃんは渓太くんがきっと来てくれるとかで、朝から自分の部屋を掃除したんだって。母「お母さん方が〝まやちゃんみたいな子がお嫁さんになってくれたらいいね〟ってみんな言ってるよ。だから、渓太がまやちゃんからいろいろもらったなんて、とってもいえない」まやちゃんと渓太と弟の3人で仲よく遊んできた。まやちゃんのおかあさん「うちの子、渓太くんが、とっても気にいってるみたいで……」。

18日・木　富良野聖園幼稚園　卒園式。

3歳から3年間通った幼稚園卒園式、渓太「おらのなまえと、おれのゆめ」（幼稚園最後の日に残した渓太のふしぎなコメント）。

渓太と弟がふたりしてたがいに顔にカラーペンで落書きっこ。渓太も弟のマネして、ノーパン健康法で素っ裸で寝た。こうして渓太の幼稚園生活はおわった。

幼稚園

3～6歳のころ＝スキー、カラテ、絵そして親の遊び相手

身体を使って運動、手指を使って絵や字、テレビや読書の時は脳みそが働いている。遊びでは、身体も手足も脳みそもフル回転、ある時は〝おやとも、あそんでやらなきゃ〟。

●父のヒマラヤトレッキング仲間と、10周年を記念してアラスカデナリ（マッキンリー山6,190M）国立公園キャンプ旅行。ツアーリーダーは後年、チョモランマ登頂したベテランの登山家のNさん、子どもの参加は渓太と弟のふたり。

アンカレッジ経由でタルキートナのモーテル〝北緯62度〟に宿泊。ここは植村直己さん（マッキンリー山の冬季単独登頂後、下山中に行方不明）が、入山前に最後に泊まったモーテルで、植村直己さんの小さなプレートがかかげてあった。以前に家族で帯広の〝植村直己野外学校〟の植村さんの山の装備品を見ており、思い出して感慨深い。

ここからアラスカ鉄道をのりついで、デナリ国立公園のビジターセンターへ。父は売店で、ある動物写真集（英語版）を見つけた。以前にNHK日曜美術館で木村伊兵衛賞（写真界の芥川賞といわれる）を受賞した写真家・星野道夫さんの作品を見て、すごい人がいるんだな、と感心したことを思い出し、『GRIZZLY』First published 1987 Chronicle Books, San

Francisco と『MOOSE』First published 1988 Chronicle Books, San Franciscoの2冊を購入。そして、犬ぞり訓練を見学し、入山の説明をレンジャーから受けて、いよいよワイルドライフツアー開始。

渓太も弟も食欲旺盛、どこでも爆睡、体力万全。デナリ（マッキンリー山）を遠望しながら、アラスカの大自然の只中、スクールバスのすぐ脇に巨大なグリズリー、先の方にはカリブーの群れがエサを食み、山にはドールシープが白く点在する。このエリアは一般車両禁止で、夏休み中のスクールバスが動員され、客はすべて乗り合わせる。オオカミの群れがカリブーを襲い、ムースが巨大な角をゆらめかせる、どの動物も冬を前に野生のブルーベリーなどのエサに一生懸命……、目の前の壮大なスペクタルに、渓太や弟の目には何が焼き付けられたのだろうか。イグルー山に登り、てっぺんから360度ゆーっくり展望する。

そして、最終日のキャンプに到着後、現地の案内人とNさんが「このキャンプに星野さんがきている」とのことでびっくり、まさか？　急に夕食準備があわただしくなる。ぞうりより大きなステーキは渓太と弟も同じ大きさ。サーモン1本を半身にして丸焼き、キャベツ丸ごとスープ〝ドボン〟など。星野さんを迎え、たき火を囲みながらのお話は驚きと感動の連続。〝テントの中、外でグリズリーの気配がし、テントにクマの手が映ってやばいと思って内側から思い切りクマの手をはたいた。テントから逆襲されて、驚いたらしく逃げて行った〟〝白夜の中、歩いていたら、グリズリーがじっとこちらを見ている気配がする、あんなに恐怖を感じたことはなかった〟。冬の撮影、カリブーの行動、危険をともにするブッシュパイロット（セスナ機のパイロット）……尽きないお話に飽きることがない、すばらしい星の夜だった（グリズリー：灰色熊、最も大きく危険）。別れ際に、たまたま買った写真集に、〝渓太と弟の氏名、MICHIO HOSHINO 8.29.1992〟のサインをいただき、渓太と弟はしっかり握手して星野さんを見送った。

8月末だが、翌朝は氷点下の冷え込み、〝夕べ、オーロラらしきものを見た〟〝キャンプ場の食糧庫がクマに荒らされた〟の声が聞こえる。しかし、我が家のテントは爆睡中でそれどころではなかった。

帰途、渓太は四つん這いでクマのまね、弟は縞柄のジャンバーを羽織ってきぶくれている。そんな二人をみて、数人の年配のグループが寄ってきて、弟を指して「かわいいふくろうみたい（英語）」そして、白人のまっ白なあごひげたっぷりの大きなおじさんとハイタッチした渓太「おじちゃん、サンタさんかとおもった」。

Ⅲ 小学生のころ

1993〜1999年

1

小学1年

「ぼくのかのじょ、モザリザ」（モナリザ）地震でも目が覚めない男

1993年4月3日～26日

夕食は渓太の入学祝で鳥料理の店〝とりせい〟へ。駐車場で、渓太「これまやちゃんちのクルマだよ」父「うそー、ほんとにか？」母「そうかもしれない」。店に入ると、すぐにまやちゃんが渓太の姿をみつけた。偶然にしては、つづくなあ……。

6日・火　雪が降る寒い日、富良野小学校入学式。

渓太「きょう、まま、やくにたったよ。けっこう」。今朝は母がいちばん早起きして、朝食も6時40分には完了。母「あれで、批評家なんだから」。

渓太が突然「おとうさん、ほんとはサンタさんて、いないんじゃないの？」父「どうして？　ちゃんとプレゼントもらったしょ」渓太「それ、おとうさんでないの？」。どうして今頃？　サンタさんもそろそろ限界か、友だちの情報か？　〝ほんとはサンタさんなんていねえぞ、おめえしらねえのか、あれはおやなんだぞ〟渓太はこれ以上サンタさんについて、

大雪山黒岳

親に聞くことはなかった。親のユメをこわさないように……。
渓太の登校途中に、まるちゃんのおかあさんから「渓太君、うちの子と一緒に学校にいってくれる?」最初の1回だけで2回目から渓太は御料を遠回りしてひとりで通学、渓太は自由気まま。

家族してびえい白金温泉へ。プール付きで渓太も弟も大いに喜ぶ。露天風呂の父のところにやってきて、渓太「おとうさん、女のひとが男ぶろにはいってるよ。どうして?」父「えっ?」渓太「小学校3ねんか、4ねんぐらいのおねえちゃん」。男風呂でなくてプールは男女共用（男・女別の浴室に連結）で、泳ぐ練習をしていた。渓太も弟もプールへ。しばらくして、フロの父が「あがるぞー！」渓太と弟「……」。

渓太が、トイレ中の弟に「早くしろ！　でるでる、うんちでるでる、ソーセージ……、もぉー、げんかいだぁ！」。

4月27日～5月23日　【6歳9か月】

渓太「おとうさんなんで、インドよかったの?」父「カレーがおいしかった」渓太「ロマンチックだったしょ」。父の子どもみたいな返事に、1年生がロマンチック?「おかあさん

本絵「おしごとみつけたよ」の裏側(下絵?)
小学1年　クレヨン　38×54cm

無題(しょうぼうしゃ)
小学1年　クレヨン　38×54cm

びびつかんてなに?」母「美術館」。

父がトイレにいると、いつものように渓太が戸を開け、覗きながらごあいさつ。2回目は自分のパンツを頭からかぶって来た。それで臭いけしになるのかねえ?

渓太「おれ、すうてんで100てんとったよ」学校の初めてのテストで100点を取ったが、すうてんて、てんすうのこと? それとも、さんすうのてんすう?

父が自宅のテラス増設工事をしていたら、渓太がやってきて「かきとめさん、と言う人がきてるよ、早く、早く!」玄関に行くと、郵便配達員が「書留でーす」。

朝日ヶ丘公園(通称なまこ山)で家族して花見。渓太「やまにーうごきーなざることぉ〜! のむらしんげん」と詩吟(動かざること山のごとし、武田信玄。なんだけどね)。

なにげなく渓太のチンチンを覗いたら、チンチンを鼻に見立てて象の顔がかいてある。父が「おもしろい!」といったら、もっとしっかり描きこんだ。弟も真似してチンチンに描いた。衝撃的な現代アート2体!?

5月25日〜6月7日　【6歳10か月】

渓太が風呂から上がって「ねえねえおとうさん、おかあさん、なにパンツはいてるか知ってる？」父「さあ、なにかなあ？」渓太「ピンクとか白とかむらさきとか」父「えっ？」渓太「だってそこにほしてあるもん」頭のすぐ上に各色干されている。渓太「女の人のパンツってリボンがついてるんだねえ」。かんさつがこまかい。

渓太が父に「おう、8たす8はいくつだ？」父「16」渓太「ばかやろう！　そんなんじゃねえだろが！　ゆびでかぞえてみろってんだ！」父「おめえがかぞえてみろ」。渓太は指折り数えて「1、2、3……、15、16」父「ほら、16だろ」渓太「……17っていってんだよ」。

男3人で風呂にはいったが、少々窮屈に。渓太「あんまりあつくて、うんちもれそう」。

父がラジオでヴィヴァルディの四季を指揮して、渓太に「これなんだ？」渓太「……きしゃ」父「ポッポーか？」渓太「し・きしゃ！　ちょっと、よびすてしただけでしょうやぁ」。

朝食時に母「おとうさんチャック少し下がってる」渓太「だらしがないなあ」父「まさか渓太に言われるとはなあ」。渓太は服の下から下着がいっぱいはみ出している。母「クレヨンしんちゃんみたい」。

渓太「おおぎやまの人、ばかなんだよ」父「どうしてさ？」渓太「だってばかなことするんだよ」父「渓太もばかなことするべさ、ブロックをかじったり……」渓太「だって、のうはが、かじれってめいれいするんだ。たましいも、かじれって言うんだ」のうは、たましい？

6月10日〜25日

家庭菜園用の支柱をなんども引っ張り出して曲げてしまうので、渓太と弟を叱った。それで、弟は外へ出て行ってしまった。一緒に叱られたはずの渓太「おとうさんがきつく言ったから、りきくんひっこししたかもしれない。いえでしてしまったかもしれないよ」と、父をおどす。渓太「あっ、わかった。よるのさんぽに行ったんだ」。渓太は弟を気づかいながら、親の心配を思ってか、よるのさんぽのオチになごむ。子どもを叱っても反省するのは親？すぐにりきをさがしにいかなくちゃ。

男3人して土曜休みで近所をぐるっと遊び散歩。渓太「ぼくたちのひみつきちへつれて行ってあげる」プリンスホテルの従業員宿舎の一角、木立に囲まれた空間につくられてあった。教えたら秘密でなくなってしまうのにね。それから、下の公園にいったら偶然、まやちゃんと出会った！　びっくり、それにしてもこんなによく会うなんて。まさか、赤いなんとか？

朝食のおにぎり。渓太「おとうさんこれ、ほしひかりだって」母「こしひかりですよ」。昼にはフロに初めてひとりで入り、身体と頭の両方を洗い、しっかり冷水をかぶって出てきた。夜は〝ほくでんファミリーコンサート〟札幌交響楽団によるクラシック音楽。開演まもなく渓太と弟は父と母に抱かれてぐっすり（生オーケストラのBGM、なんてぜいたく！）。

渓太が父に、1円10円100円を寄せ集めて、千円に両替してもらった。渓太「こんどぜったいに！　せんえんを500円2こに、りょうがえしてやるからな！」（そんなにきばることか?）。

渓太の腹に6〜7㎝の切り傷。渓太「これがめだったら、がんたんするんだよねえ」（眼帯……?　ほうたいなんだけど）。

富良野平和祭で買った水鉄砲に蛇口から水をあふれさせながら入れた。父「あー水を無駄使いしないでくれ」渓太「お金だって、水がかかるんだよねえ」父「……?」。

渓太「あたまあらい、自分でしたかったんだけど、おかあさんがぼくを、赤ちゃんあらいしたんだよ。子どもらしいしょ」（母のひざであおむけに頭をあらってもらい、子どもらしくしてあげて母孝行）。

渓太「ぼく大人になったら、しぶい男になる」父「渋い男?　なにそれ?」渓太「かっこつけてること、不良までにはならないけどね」。もう、しぶい、かっこつける、不良がわかる?

渓太「おとうさん、ドラキュラのじゃくてん知ってる?」父「はて?」渓太「じゅうじかとひきにく……、あっちがった、にんにくだ」。

母「プール学習はじまったら、おっぱい見られるぞ」渓太「でもきがえるところちがう」なんて母だ！　渓太「おっぱいマンのつよさを♪　あまくみれ〜」「あきとしのうんこがあー♪　あかーく♬　みえるぜぇ〜♫〜」なんて息子だ！

6月28日〜7月26日　【6歳11か月】

渓太が朝、おしっこに起きて時計を見てきた。渓太「いま、ご、ご、ごじだよ」父「なんだ?」母「5時55分でしょ」。まだ時計習ってなかったね。

渓太が同級生の女の子に家まで送らされた上、プロミスリングを持ってくるよう約束させられた。それを聞いた弟「上がるやつか?」母「それはプロレスリング」弟「たたかうリングのことか?」。渓太はリングを見えなくしてぐじゃぐじゃ文句「おかあさんのせい……」。なんのことはない、渓太のごちゃごちゃ机の上に置いてあった。

カラテ帰りのクルマの中で、渓太「ぼくフラタイって知ってるよ」父「えっ?」渓太「ほら、あそこにカンバン出てるしょ」。見るとフラヌイ温泉。渓太「たかなかくんのホテルだよ」父「たかなかくん、ご飯作ったりお手伝いするの?」渓太「わからない、でもりゅうまくん、ペンションのお手伝いするよ。おきゃくさんのごはん食べてあげるんだって」(びっくりのお手伝い)。

渓太の替え歌「とーなりのぉ、じっちゃんとばあちゃんがトイレをしたらー、トイレットペーパーがなくて、手でふいた〜♪　らーら・ららら　らーらららら♪　ららら・らっ」。

父「今日はテラスで焼き肉しようか?」渓太「しゃぶしゃぶか、じんじつかんがいい」父

「？」渓太「ぎんじつかん？　ぎんぎつかん？」（ジンギスカン、て言いたい）。我が家ではごはんを食べてる時に、うんちとかうんこって言ったら、口ペン（唇を指ではじく）することになっている。弟がこそっと「う・ん・ち」と言った。渓太「あっ！　りきちゃん言ったよ！」父「なんて？」渓太「うっ、……おしりから出るやつ！」。あやうく回避、でも想像させるのはいっしょだった……。

12日午後10時17分、北海道南西沖地震：奥尻島を中心にひどい被害発生。

地震のニュースに学校から、地震被災者にお小遣いを募金の通知、渓太「えっ、ぼくやだなあ」こづかいを減らしたくない渓太「お手伝いしたら、ばっきんくれるか？　そしたらしてもいいよ」渓太「おとうさん1円20こ、りょうがえして」父「いくらに？」渓太「10円なんこでもいいよ」父「？、そんなわけにはいかない」渓太「じゃあ10円2こでいいよ」わかってるのに。

渓太「おとうさんフランスいったことある？」父「ないよ」渓太「じゃあファームは？」父「ファームって富田ファーム？」渓太「ちがう」弟「ハワイ？」父「グアム？」渓太「デンマークは？」父「ヨーロッパの国だよ」渓太「じゃ、ソウナンアジアは？」次から次へ……、ところで、ファームって？

渓太と弟がふたりしてうた「ナンパーするぅーなら～♪」父「ナンパってどう言うこと？」弟「しらないおんなのひとにこえをかけること」。さらに渓太「それでぶっちゅーすること」

いくらなんでも……。

父と渓太のしりとり。父「では、すきやき」渓太「き、き？　きりえちゃん！　りきはきりえちゃんにほられているよな。さいしょからほられてるよ」。最初から別の話に。

25日・日曜日、南富良野町かなやま湖〝森と湖のつどい〟へ、夜は富良野で空知川花火大会見物。

父と母で渓太をくすぐった。渓太「やめて、やめてぇー、かたこりしてやるからー、やめてぇ」。くすぐりをやめると、渓太が父の肩たたきをしてくれた。渓太がとなりの部屋に行き、弟に「アルバイトしてきた」。

7月27日〜8月13日　【満7歳】

宇宙の絵本を見て星座の研究、父「りきくんはべんざ」弟と渓太「べんざってなに？」父「便座」弟「いやだー」父「りきくんは本当は魚座だから、水が大好き」。渓太は母に入知恵されて「ぼくのかのじょ、モザリザ」父「モザモザみたいでしょ」渓太「モザリナ」。モナリザもびっくり。

渓太「ブッシュそうりだいじん」父「ブッシュは選挙に負けていまはクリントン大統領だよ」渓太「えーっ！　ぼくきいてないよぉ」弟「どうしておしえてくれないのさ？　じゃあブッシュはいまなにしてんの？」父「今はただのおじさん」渓太と弟「えっー!?」。そんなに驚かれても。

初の全日本剛柔流全道空手大会参加。渓太が小学校低学年の部：型で3位、組手で4位入賞。

5日〜8日、家族で道南キャンプ旅行中、北海道南西沖地震（7月12日震度6、震源に近い奥尻島の火災津波死者202人、行方不明28人の大惨事）の最大余震：震度5に見舞われた（大成町貝取澗キャンプ場のテント内で）。弟は目が覚めたが、渓太は眠ったまま。松前城に近い墓地では多数のお墓が倒れており、地震の怖さを実感。旅行では海の幸、山の幸ほかたくさん食べた。帰ってきて渓太「りきくんのたいじゅうもふえたしね」弟「けいたくんも、おとうさんもふえたしょ?」渓太「おかあさんもふえたかな? たのしみだなあ、まぼろしのたいじゅう」。

夏休み宿題のロボット作成で、母「やっていけばいいんだよ」渓太「やればいいってもんじゃない。それならしゅくだいノートと同じじゃないか」。どっちが親かわからないような言い合い。でも、宿題ノートはやればいいってか?

渓太「むかつく! いらつく!」弟「ぼく、おにいちゃんに、いっしょういじめられてしんでしまう」。時として水蒸気爆発のように渓太の苛立ちが噴出するが、その後はしばらく鳴りを潜める。互いに姿が見えない時はすぐに気になり、不調の時は親以上に気遣っている。ふたりは幼いころからから双子のような親密さで育ってきた。この繋がりは簡単に消えるものではない。

8月17日～26日

渓太「おっぱいのみたーい、あさひるばんのんで、しみたーい」（死にたい）母「朝昼晩、あげたってば」渓太「てんぷらみたいにおっぱいあげるって？」。

夕食後に歯をみがいた渓太が、そのあと父のワイン用のチーズをつまみぐいしたためもう一回歯みがき、そして柿の種をたべてもう一回、さらに風呂から上がってつまみぐいして、ついにこの夜4回歯みがきをした。

夜ふとんの中で、渓太「ぼくとっても、むなしい時あったよ」。父・母は思わぬ告白に不安に「えっ！　そりゃ、いつのこと？」渓太「きゅうしょくの、にくじゃがで、じゃがいもがいっこしか入ってなかったんだよ。渓太ちゃん、とってもかわいそうでしょ」父・母「うん！　うん！」。ジャガイモ大好きな渓太のむなしさ、とってもよくわかるよ。

盆休みの3晩、父はビールやワインを飲んで子どもと一緒に早寝してしまった。渓太「おとうさんだってぐうたらでしょ」。きついなぁ。

渓太「たよりになるなあ、〝学級だより〟って」（頼りと便りでちがうんだけど）。

渓太「さんすうで100点もらった」父「だれかと相談してやってるんか？」渓太「う～ん（否定）、ぼくのほうがみられてるよ。となりの子におしえてあげるよ」父「となりってだれ？」渓太「……さらちゃん」父「そう、渓太はやさしくていい子だね」渓太「でもほんとうのしけんはだめなんだよ。つくえをはなしてするんだから」。

8月27日〜9月17日　【7歳1か月】

朝、同級生のおかあさんから電話「渓太君、びしょ濡れで学校に行ったみたいですよ」登校時刻に少し遅れたため、渓太は気がせいていた。あわてて行こうとする渓太に、母がカッパを着せたのに、それを途中で脱いでカバンに押し込んで雨の中を濡れながら学校へ。連絡を受け、母は急ぎ、タオルと着替えを持って学校へ。母「渓太ってどうしてああ、ばかなんだろう。いったいだれに似たんかしら?」。

夜中、皆が寝静まっている時、渓太の寝言「あきちゃん」、すると母が「はーい」。寝言に寝言で答えるなんて、生まれてはじめて聞いた。なんて母子だ、〝あきちゃん〟て父の呼び名なのに……。

気がつけば、渓太は2階の照明のスイッチに、手が届くようになっていた。父「お前、いつから手が届くようになったのさ?」渓太「なんさいからだとおもう?」父「あほくさいからちか?」渓太「ちがうよ、めんどくさいから」（父の上を行く）。

渓太「てつくん、アイスくるまにのったんだよ」母「北の峰の子で、交通事故でクルマ椅子に乗ってる子がいるんだって」渓太には椅子がアイスって聞こえるんだね。

9月18日〜10月8日　【7歳2か月】

ふらのワインぶどう祭、父「りきくん、もうじきぶどうの季節がくるよ、いいでしょ」弟「でもまだ、おとうさんのたんじょうびこないよ」母「おとうさんの誕生日、なにプレゼントするの?」弟「しないよ」父「えーっ」絶句。すぐに渓太「おとうさん、これいくらさ?」父「この缶ビール220円」渓太「えーっ、やすい!」父「ふたりでかってくれたら、うれしいな」渓太「えー? りきいくらもってる?」弟「えーと、200円」渓太「そしたら、りきが200円だと、おれは……20円か。おとうさんKビールがいい?」と、話しが早い。父は〝ほろにが〟を指さすと、渓太「ほろい、がいいのか?」父はほろいとするけど、りきくんにはほろにがだよねえ? でも、父の誕生日だよ、安くない?

渓太と弟が先に風呂に入った。母「眠くならないうちに、おとうさんも風呂に入って」父「昨日入ったしなあ……」。すかさず渓太「あっ、おとうさんさぼけてる!」(さぼるとなまけてるの合体語か?)。

今晩はマーボー豆腐、父「渓太くん、りきくん、お味はどうですか?」母「おとうさんが味付けしてくれたんだよ。味がいいと、りきくんなんにも言わない」渓太「ぼく知ってるよ。チューブのスーカ、使ったんだよね」カとプが入れ替わり、より深い味わいに。

渓太が中国系アメリカ人の同級生からサッカー選手のカードをもらった。母「スマちゃんからプレゼントもらったんだから」渓太「ちがう! すてたやつをひろったんだ」。

渓太「今日サッカーあるんだって。カタコールでやってるんだよ」母「カタールと言う国だよ。渓太ねぇ、サウジアラビアって書いてあるのを、ウジアラビアって言ったんだから」。肩こるだのウジだの、ずいぶんイメージかわるなぁ。

10月9日〜25日

夕食のカツ丼、親の分が心持ち盛りがいい。渓太「おとうさんとおかあさんの、多いんでしょ？　どうして？　おとなだから？　にくなんこ、はいってるかなあ？」。やんわり質問攻めに、カツ丼食うにも気が引ける。

授業参観日の母の報告「渓太君一番前の真ん中の席で、先生のすぐ目の前で2回もあくびするんだから、しかも後ろを向いて。だれもあくびなんかしてる子いないのに……、それなのに朝、学校に一番早く行こうとするんだから」。弟の報告「おとうさん、おかあさんねえ、ぼくとおはなししてるとき、おならした」。コメントなし……。

父の朝のラジオ体操を渓太とりきふたりで邪魔をする。父が体操しながら二人を追っ払おうとした手を電気の傘にぶつけた。父「いてっ」渓太「うんがわるいのう」とニヤニヤ。

渓太が牛乳をテーブルにこぼした。渓太「ちょっとだよ！　ちょっと！」父「そういうことが許されると思ってんの？」渓太「ちょっとだよ、おおさわぎにならないやつ」……先手打たれた。

10月31日〜11月15日　【7歳3か月】

朝、起きるなり渓太「おとうさん、人間て、ねるのにあきないのかなあ？」なんとも深ーい疑問。

渓太「うちのきゅうりりょう、あんまりのこってないのに、りきちゃん100円のおかしかってもらったんだよ」。

渓太「ぼくパンツキンケーキがいいなあ。パンみたいなやつでしょ、パンツキンて」。パンツとキンなんて……、多分パンプキン？

渓太は朝ごはんを早く食べたら、早いだけ学校に行こうとする。母「まだ7時9分だよ」渓太「……」母「まだ11分だよ」渓太「いそがなくちゃおくれるう！」（近所の子は7時半ごろ登校）母「渓太が学校行く前に、長男の責任からか、冷蔵庫を覗いて言うんだから。〃きょうはいっぱい入ってるな〃って」。

11月21日〜31日　【7歳4か月】

母の布地買いで家族して旭川へ。渓太は買物公園で両手をポケットに突っこんだまま雪氷で滑って、唇を切り血を流した。積もっていた雪が赤くなってビックリ。

床で新聞を読んでいた父の背中に乗って、渓太「なまらいたいぞ」と、父の背でたちあがった。父「いててえ」渓太「もっとすごいぞ、ジャンプするからな」と、ジャンプして飛び降りた。渓太「はくしゅさいかい」父「再開？　どう言うこと？」渓太「はくしゅ、さいかい？」（喝采のことでした）拍手喝采！

渓太「はたかラーメン」父「えっ、はだかラーメン？」渓太「きまってるしょうや、チャーシューふくきてないしょ、めんだってふくきてないしょ」。そう言われると……、でも博多なんでしょ。

渓太「おとうさん、はじめて、でんひせいきん作った人だれか知ってる?」父「電気製品?」渓太「せんたっきとかテレビとか、こうすけさんて言う人でしょ。まつしたこうすけ2おくなんぜんか、お金もってるんだって」渓太「どうしてまつしたって言うか知ってる?」弟「まつのしたにいえがあったからだよ」。

12月3日〜25日

トイレに行く渓太に、弟「おにいちゃんうんちながしてよ」渓太「ながしてるよ、人をうたがうのはよくない」。渓太のあとに、父が日記を書きにトイレに入ったら、やっぱり……。

5日　富良野はめずらしく大雪で1日で約70cm積もった。

母の手作りケーキ、渓太「おかあさんの手作りケーキおいしいねえ」母「そう、うれしいわ。また作ってあげるからね」渓太「ジャムをぬったからね」母「くやしい……」（ジャムは父の手作りだった）。

ヴェルディ川崎とほくでん（北海道電力）のサッカーしあいがあった（天皇杯予選）。渓太「ぜん力でたたかったのかなあ、ほっかいどうぜん力」。

むずかしい迷路抜けを父が挑戦、渓太が手助け。書き損じみたいなわずかな隙間を通るが、ついに行き止まり。次いで渓太が挑戦。「つーつー……つっ、あっ、ぼくでも行けない」。渓太の手作り迷路なんだけど……。

12月27日～1月7日　【7歳5か月】

父がけん玉をやってみせたら、渓太「おとうさん、すごい！　日本で世界一だ」渓太のほめことばはすごい。

名古屋のおばあちゃんと母の妹からお年玉届く。渓太は自分の貯金箱をとっくにあけて使っていた。渓太「長く入れとくと、さびるからな。でも、おカネなんてかんけいないけどな」。

テレビで〝オークションのコーヒーの種類：ブルーマウンテン、キリマンジャロ、モカ……〟。渓太「ブルーマンキンテン」なにっ⁉

1994年1月1日㊏　元旦

朝起きて、渓太「ぼく、ぼや、ききたかったな」父「ぼや？　どこか火事？」渓太「ぼやのかね」父「そうか除夜の鐘か、夕べ起こしてあげたんだけど〝ねむいからいい〟って言ったんだよ。そのかわり初日の出見よう」。男3人で2階の窓で待つこと10分、午前7時20分、はるかな十勝岳連峰から昇る初日の出をテラスに出て、家族の平穏無事を願って拝む。渓太「それで、たいようは、いつ出てくるの？」。新年早々ほがらか気分になって、今年もきっといい年の予感。

児童館の先生からの年賀状『心のやさしいがんばりやさんの渓太君、小さい子のめんどうみてくれたりおてつだいしてくれたり、いろいろなことをたくさんおしえてくれたりほんとうにいつもありがとう。先生はいつも渓太君にかんしゃしていますよ！　今年もよろしくね！　今年もまたたくさんのえがおを見せてください、世界一りっぱな渓太くん。
サッカーシュート500かいガンバロウネ！　おうえんしてるよ
児童館のアイドル渓太くんへ』

1月2日〜25日
父の聞いた渓太の寝言「やまかわしゅうへいくんのうち、ここだよ……」。しばらくして渓太は寝ながら大笑いした。いい初夢みたんだね。
朝食はうどん。渓太「ひっこしそば？　ひっこしうどん？　しこしこうどん？　きのうテレビでやってたよ」。どうやら、年越しそばと言いたいらしい。
渓太「ごうやまの金さんて、カッコいいんだよ」と、シャツを肩肌脱ぎ。母「金貸しみたいでしょ」弟「うでに、えをかいてるんだよ」渓太「えでないよ、いれずみだよ」。

1月9日〜25日
家族してJR、バスを乗り継いで層雲峡温泉ホテル大雪へ、1泊。
渓太「おとうさん、しょちょう？　もう上にはあがれないの？」父「うん、つっかえているからね」渓太「しけんで上がるの？」父「……」渓太「お・か・ね？」母は飲んでいたコーヒーをふきだした。

1月30日〜2月24日　【7歳6か月】

渓太がJリーググッズのメガホンで叫ぶ。「お前ら、大人はかんりされている。おとなしく手をあげて、出てこおーい」母「渓太君寝る前に下着、着替えてちょうだい」渓太「だいじょうぶだー！」なにが大丈夫？　……メガホンでさけぶことか？

渓太、用意万端「いってきまーす」と学校へ……と思いきや、ランドセルを背負ってない。母「りきくん、渓太君のランドセル持ってきて」弟「これかな？」と、鉛筆を持ってきた。母「ちがう」次に持ってきたのがサイフ、弟「これかな？」母「……」。次に下敷きを持ってきて「これかな？」。ここぞと仕返し、弟もやるなあ。

弟「おにいちゃん、ジャージのちんちんのとこ、あなあいてるよ」渓太「いいべ、げんきなしょうこだ」。なんとまあ。

母「だれが、おばばにしたんだ!?　むかしはおばばではなかったわい」渓太「じゃあ、おじじだったんか？」。

渓太「コーヒーのみたい」母「わかったわかった」渓太「しかたない、つくらせてやるか」。

自宅にひろのちゃんとひとはちゃんが、バレンタインチョコを持ってきてくれた。母「ふたりにちゃんとお礼言ったか？」渓太「〝はーい、どうもぉー〟って言ったよ。そしたらにげてった」渓太「2年生になったら、おれチョコレートもらえないよ」父「どうしてさ？」渓太「だって、おんな、うるせぇもの〝渓太くんとようへいくん、ズボンからシャツはみ出してる〟って」。

小学校で初めて富良野スキー場でのスキー授業。渓太「ぼく、はんちょうになったんだよ。知ってる?」。それを聞いた母が父に「聞いて聞いて、班長の役目ってなにするか。リフト券なくした子と一緒にあやまりに行く係なんだって」。なんだって?　の係。

渓太「おとうさん、くまおとしみたいな、かみしてるよ」(父の頭は天然パーマでくまおとし?　熊落としは富良野スキー場の荒れ放題のいちばん急なコース)。渓太「おとうさんのスキー金具チ○リアでしょ」父「うん」渓太「メーカーでいいやつだよね」父「そうでもないよ、安いよ」渓太「バーゲン品?」そう言って、にこっと笑った。

2月27日〜3月20日　【7歳7か月】

母「渓太君がサッカー選手の〝ビスコンティ〟をなんて呼んだと思う?」渓太「ビスウンティコ」父「ウンコみたいでしょ」。

渓太「おとうさん、ぼくむずかしいひきざんならってるよ」。すごいなと思ったのに、渓太「あっ、まちがえた!」。見ると下着に学校の名札をつけていた。見えないわけだ。

今日は母が準備したアイビールックを着た渓太、鏡を見た途端「入学式みたいでいやだー」父「男は元気がいちばん、笑って元気出せ!」。渓太は元気出せずに学校へ。

母「今日おかあさん調子悪いって言ったら、渓太君がりきくんを一緒に児童館に連れて行ってくれたんだから」。

ワールドカップサッカーアメリカ大会、父「アジア地区から韓国が出るんだよ」渓太「かんこつ?」弟「がいこつのいるくに?」。父の発音、そんなにわるいのか?

3月22日〜31日

父と渓太でオセロゲーム、一戦目は渓太が形勢不利に。渓太「ぼく、かつまでやる」。結局渓太の負け、もう寝る時間も過ぎている。父「もうおしまい、寝よう」。渓太泣きながら「おとうさんやるって言った」。それでもうひと試合……、やはり渓太の負け。弟はとっくに寝ている。父、勝てるのは今の内だから、わざとは負けない。

父が日記を書きにトイレへ、渓太と弟も一緒にきてせまいトイレが大にぎわい。渓太「ぼくフルーツパペがいいな」父「パペ?」渓太「ファフェ」父「日記にちゃんと書いてやるからな、フルーツパフェ」弟「パヘェ」渓太「パフェ」弟「パペやさん? ファペ?」。弟もまけないでつづく、トイレでのパフェ論争。

渓太「2たす2は?」弟「よん」渓太「えっ、ににんがしでしょ」弟「そんなこといってないしょ」渓太「にいちがに、ににんがよん、あっ! あってる!」。

渓太が花形のブロックでコマを作った。「これを回したら、はなやかになるんだよ」弟「ぼくにもやらせて」。ところがすぐにたおれてしまう。渓太「りきくんはどうして、こつがわからないんだろうね?」。

渓太「いけ、いけえ！　ねらえーチャンス！　めざせーチャンピオン！」弟「いけいけえ、ねらえひろのチャン、めざせーひとはチャン」。即、弟にパンチ（あちゃ〜）。

2

小学2年

「おまえのかあさん、ぶたくそ」兄弟げんか（とじゃれあい）

1994年4月1日〜26日

母「おとうさん、渓太君自分のシャツとズボンの穴のあいたところ、セロハンテープはってたんだから」父「えらい！　それでこそわが子じゃ」弟「とうちゃん、ぼくきのう5かいもおこられたんだから」父「えらいなあ、どうしてそんなにえらいんだ？」弟「うん、ハイレグしておこられた」（クレヨンしんちゃんのまね）母「個人の写真撮る時にみんなしてやったんだって」。見たかったなぁ。

土曜日の朝、みんな休み。父はパンツとワイシャツ姿、母「おとうさんいつまでもそんな悩ましいカッコしてないでよ」渓太「おとうさん、けんパンけんこうほうだっけ？」父「ケンパン？　ノーパン健康法って言うの」。渓太が朝刊の自分の運勢（愛情△・健康◎・金銭◎）を見た途端「なまら、いくない！」。△がひとつあるため。

弟「学校のげたばこのところで、ひとはちゃんとひろのちゃんが〝渓太くんは？〟って聞いたから〝まだこない、知らない〟って言ったら、二人とも〝うらぎられた、うらぎられた〟って行っちゃったよ」（どう言うこと?）。それでも、渓太が同級生のひとはちゃんの誕生パーティーに招かれた。

4月27日〜5月14日　【7歳9か月】

弟が突然夜に「うんち」、すると渓太「ぼくも」。よりによって朝も晩もうんち時間は同じでなくてもいいのに……、渓太「りきちゃん、ねっねっ、おねがいだから、早くしてぇ」と猫なで声。母「うんちのばくりっこなんかしなくてもいいのに」（ばくる＝交換する）。先に入った弟は途中で出てきて、渓太に交替。弟はうんちが付いたまましばらく外で待機。

渓太「おとうさん、ばけつさわったことある?」父「あるよ、うまのけつでしょ」渓太「ばばのけつ」びっくり!?

父が英語辞書を見ていると、弟が「ようちえんのえんちょう先生、5さいからせいしょ、よんだんだって、これぐらいあついよ」と、英語辞書を指す。渓太「知ってるよ。いばることねえべや。おれだってみそのようちえん、そつぎょうしたんだからな」。

渓太「おとうさん、やくたろうって大学出てんでしょ。はかせなんだよねえ」父「薬太

「サーカス」（6歳で見た）　バスキア風?
小学2年　カラーペン　38×54cm

郎？」渓太「ほら、しょうてんに出てるしょ」父「ああ、三遊亭楽太郎のことか」。むずかしい字だよ、どうして楽に草かんむり付けちゃうの？

5月16日～26日

父が朝のラジオ体操中に椅子に手をぶつけた。父「いてっ」渓太「てんばつがあたった」。よけいなことを……。翌日も父がラジオ体操すると、父のお尻をキック。渓太「きたえてやろうと、心やさしいでしょ」。

親子劇場公演、人形劇〝西遊記〟。会場内に渓太と弟の姿は見えない。開演前に渓太の同級生のスマちゃんとさらちゃんがやってきたので、母が渓太の話を聞く。〝きょうしつでよく先生におこられる、クラスでいちばん足が速く、リレーせんしゅにえらばれた……〟〝よくおこられる〟理由が聞きたかったなぁ。

母がある慰労会の席で、渓太の同級生のお母さんから〝渓太君が教室で先生に椅子に縛り付けられたことがある〟と聞かされてきた。母が直接渓太に聞いてもしらんぷり、忘れるほど前の出来事だったのか？　父「そんなことあったのか？」渓太「ぼく、知らない」、父「そうか、しばられたことないのか、つまんない。しばられたんなら、えらいってほめるのに……」渓太「きのうはないって、言っただけで、前にはあったかもしれない」父「えらいよ、教えてくれて。そんな面白いことかくしておかないで、今度また怒られたりしたら教えてね」渓太「うん」。渓太の安心した様子に親も「うん！」。

先生に叱られて、さらに親がおこれば、子どもは口をとざす。子どもの心の負担にならないよう、ほめると打ち明けてくれる。叱られてほめるのは、どうかと思うけど、しくじりは子どものたから、ケガは子どものくんしょう、叱られることは大切な栄養だと思う。悪さやいたずらはありうることで、罰を与えることは避けられないことかもしれない。教室で椅子にしばりつけられる体罰は軽くはないと思うが、後日同級生のお母さんがたまたま教えてくれたことに感謝の一方、戸惑いもかくせない。渓太に非があれば、正さなければならない。親には知らせてほしかったと思う。

渓太の罰の話を教えてくれた同級生のおかあさんは渓太のこんな話もしてくれた。「渓太君は学校の行きかえりに、風を切って歩く姿はとっても小学2年生とは思われない」。

5月27日〜6月23日　【7歳10か月】

渓太「おうごんの左足だ、ぎんいろの右足だ」。朝から弟相手にサッカーシュートの練習。「足もやらないとタイミングがわるいし、めいちゅうがわるいんだよ」。

29日・日、富良野小学校運動会。

渓太が、近所の民宿の同級生おりかちゃんに、下敷きと鉛筆をプレゼントされた。渓太がさらちゃんに定規を折られた。父「それで、どうしたの?」渓太「自分でセロハンテープはってなおしたの」。別の女の子には絵を貰ったらしいが、「かってにぼくのランドセルにおしこんだんだよ」。ひろのちゃんの誕生パーティーに渓太は招待された。なんとまあ、いろいろ……。

渓太「おかあさん、ふとってるよねえ」母「だれに食べさせてもらってると思ってるんだ？」渓太「おとうさん、しょうじきに言うのはいいんだよねえ。ウソ言ったらだめなんだよ」母「あったまきた。渓太のおやつに影響するからね」。そうだねえ、相手が母じゃねえ？正直であるためには、おやつが減る覚悟や強い気持ちもだいじなんだよ。

渓太「さかもとりょうまってさいしょに考えた人なんだよ」父「なにを？」渓太「はじめて千円札作ろうって。りきくん、さかもととおおくま、どっちがいい？」弟「でっかいくま」。坂本龍馬、大隈重信、大熊……？ ずいぶんとんちんかんなむずかしい話。

渓太のカバンの中のファイルに、同級生の女の子二人から、いっしょにかえろうとのおさそいの手紙がはさんであった。母「渓太、こういうのをかくさないからいいよ」。

翌々日、渓太がひとはちゃんからラブレターをもらってきた。ところが渓太はよりによって同級生のカバンを間違えて家に持ってきてしまった。同級生は渓太のカバンを……。戻ってきたカバンの中に手紙はあったが、開いた形跡があった。弟「おにいちゃん、よくもてるなあ」。そしてサインを見て、「はと言う字なら、ぼくのほうがうまいよ」。

6月26日～7月20日　【7歳11か月】

全日本剛柔流空手道全道選手権大会、個人型（小学1～2年生の部）で3位入賞。

渓太が父に「おとうさん、うんちながしてないでしょ」父「まだしてない」渓太「じゃ、りきかな？」父「とうちゃんがおしっこした時、りきのうんち流してあげたよ」渓太「……？あっ、ぼくだ」。渓太が自分のうんちを流さないまま、しばらくしておしっこに入ったらしい。自分のうんちぐらい見分けろよ……無理か。

渓太「1ミロメートル、1ミロセンチ」と、ふしぎな単位。

母「渓太君、今日は偉いんだから。ふたりでプールからのかえりに、りきくんは泣いてたみたいだけど、プールからジャノメ洋裁教室に、番号教えてなかったけど、調べてちゃんと電話よこしたんだから」父「やすおかですけど、お母さんおねがいしますって言えばいいんだよ」渓太「あさみ、おねがいしますって言ったよ」渓太「あさみでわからなければ、りょうりはへただけど、ケーキ作りのじょうずな人とか、おしゃべりな人とか、言ったらすぐわかるしょ」。弟が追い打ち「あたまのボサボサな人とか、あしのふとい人とか」あれまあ……。

市営プールに3人で泳ぎの練習に。母「またまた、今日重大出来事」父「？」弟「おにいちゃん、おんなにプールでおっかけられたんだから」父「女の子をいじめたんか？」渓太「そうじゃない」父「だれに？」渓太「……」母「渓太が2時間も追いかけられて、水泳の練習になんないんだから」。わけを聞いてあげればよかったのに……。

7月27日～8月11日　【満8歳】

朝8時過ぎ、友達がもう外で遊んでいる。弟が窓から大声で「おーい、おーい」と叫ぶと、渓太「なっかむらくーん！」。そんなふるーい歌、どこで知ったんだか？

渓太「たくやくんのみょうじの漢字むずかしいよ。石って書いて、こうこう……、まるちゃんのみょうじの漢字もむずかしいよ。まるちゃんのおかあさんも自分のみょうじ、むずかしくって、書けないいんだって」。

渓太「たくやくん、エッチな本見るんだって」母「かくしても、どっかから見つけてくるんだって」渓太「トイレにかくしてある。ほかの本の下の方にはさんであるんだよ」母「ほかの家のこともすぐ伝わるんだから、我が家の夫婦げんかもすぐ伝わってるだろうね……」と、別の心配。小学校低学年でも情報交換しながら、互いにはんぱな性教育が始まっている。大人のやっていることはお見通し……？

山部の太陽の里でファミリーキャンプ。父「児童館に行く前に夏休みの宿題やってしまったらいいよ」渓太「うん、あと絵日記が2まいくらいかな。工作はおかあさんがやるって」。えっ！　まさか？

兄弟で言い合い、渓太「お前のかあさん、ぶたくそ」弟「お前のとうさん、ばかくそ」……なんたるガキども。

9日～11日、道北キャンプ旅行。日本海沿いのなーんもなくて時々町（これがとってもいい）の天売国道をひた走り、天塩町鏡沼キャンプ場へ。翌日はサロベツ原野を走り稚内へ。巨大で美しく湾曲した港の防波堤?、水族館を見て、再び南下して豊富町兜沼キャンプ場。翌日は猿払村からベニヤ原生花園によりながら浜頓別経由で歌登町キャンプ場へ。しかし、ここで雲行きがおかしくなり、テント設営の前にやがて大雨に。しばらく待ったが、意を決して富良野に戻る。キャンプ食は初めのころはカレーライスを作ったり、バーベキューをしたが、その後は近隣のスーパーで地元の食材（主に手間のかからない刺身や揚げたてフライなど）を調達することが多くなった。ごはんにのっけて食べる。新鮮で珍しいものがある。あとは温泉がまっている、自由気ままな旅。

8月14日～9月15日　敬老の日　【8歳1か月】

母「渓太君のチンチンりっぱになった」渓太「おかあさんのけつも、りっぱになったぞ。前の5ばいになった」。

渓太の誕生パーティをかねて、友達を呼び、近所の子も加わって、14～5人で我が家のテラスと焼き肉小屋でバーベキュー。母と渓太と弟はそのまま小屋で寝てしまった、蚊にさされやすい父は部屋で。

男3人で富良野岳登山。

午前中、男3人で鳥沼公園内の池の中に捨てられた空き缶やビンをボートに乗って虫取り網でたくさん回収した。渓太「けっこうおもしろいね。だけど、どうしてこんなにすてるんだろうね?」。透き通ったきれいな水に、ホントにはずかしいこと！

渓太「おとうさん、トイレ?」父「うん」渓太「いまどこまで?」父「渓太君まだ我慢できる?」渓太「もう、がまん……、しづらい……ゆびで、おさえてる」。緊急事態!

10日十勝方面へ1泊旅行。帯広グリュック王国(テーマパーク)で目いっぱいあそぶ。十勝川温泉で入浴、ポスターに〝5歳若返る〟って書いてある。渓太「おかあさんなら5さい、ふけるしょ。ぼく5さいわかくなったら、3さいになってしまう」。宿泊は池田町まきばの家のキャンプ場。テントの中で母「渓太君の足大きいねえ、お父さんの足と変わらないしょ」父「昔から、バカの大足、マヌケの小足って言うよ」弟「バカのオヤジ」父「……」。翌朝、男3人、2回分の紙を持って、ポットン式トイレで3人が横並びにいっせいに用足し。弟が最初におわり、「かみがぜんぶのこった」渓太「えっ!? ぜんぶのこった? どうやってふいたの!?」渓太「うんこは……」……弟「じゃ、おめえうんこっていうかんじ、かけるか?」なんの話してんだ?

朝食後、渓太と弟が父のひざにいっしょにすわっている。父「ちょっとトイレ」弟「おとうさんねえ、うんこの時はトイレって言って、オシッコの時はシッコって言うんだよ」。知らなかった……。渓太「りきくん、大きくなったらおとうさんのことオヤジ、おかあさんのことオフクロとかニョウボってよぶよ。ぜったい」。そうか、それもいいな。

渓太「イチローってなんであんなにヒットうてるんだ?」。オリックスのイチロー20歳にして前人未到の200本安打:日本プロ野球記録達成。

朝食後、渓太が父のひざにすわる、母「お風呂でおかあさんにだっこされるのはいやで、どうしておとうさんならいいの?」渓太「おっぱいがいやなんじゃねえの」母「そのおっぱいのおかげで大きくなったんでしょ」渓太「かんけえねえよ」。

23日・金、秋分の日、父は朝から午後7時半まで休日勤務。母は夕食後に洋裁教室で不在。父が帰宅すると渓太のメモ書きが冷蔵庫に貼ってあった。弟「あっ、これだれが、かいたんだ?」父「だれだろう?　渓太にしては上手だし……」弟「ゾの点々のいちがへんだから、兄ちゃんがかいたんだ」。渓太のメモ『レーゾーコ　さしみはいってる』。そこに渓太がきて、冷蔵庫から出して「さしみはこれとこれ、ごはんの上にのっけるんだよ。それからマツタケみたいなきのこのしるをあっためて、ごはんはさらにのってるから」父「うれしいなあ」渓太のそっけない気づかいにマツタケの香りがするような……。

9月29日〜10月26日　【8歳2か月】

渓太「けいじくんサポーターしてるんだって」父「ひざにあてるやつでしょ。サポーターって」渓太「ちがう、けいじくんむねにあてるやつしてるんだよ」父「けいじくんのとこ、おねえさんいるからなあ」(父のトンチンカンな返答)。

30日、台風26号接近。我が家では自転車通学できるまで、通学では歩くことにしていた。多くの保護者が迎えに出向く中、弟は言いつけを守り、はやてくんのおかあさんの誘いを断って、ずぶぬれで歩いて帰ってきた。渓太はことわり切れずにお隣のクルマに乗せられて帰ってきた。普通の天候ならいざ知らず台風や吹雪では町中とはいえ、リスクをともなう。

知人や近所の人たちに感謝しつつ、子どもにつらい思いをさせてしまった、といたく反省。

父「今日学校でほめられたんだって?」溪太「そう、しょしゃ(書写)で名前の字がじょうずだったから。でも十なん人いるよ、おりかちゃんとかけんすけくんとか……」弟「ほめられなかった人だれ?」溪太「おしえられない、かわいそうでしょ」溪太「先生がねえ、ちんちんはおとこのしょうもん? なんだっけ? ちんちんはおとこのなんとかって言ってたよ」。おもしろい先生だねぇ。

10月27日〜11月4日 【8歳3か月】

溪太「りきくん、ゆめみなかった?」弟「うぅん、みてない」溪太「ガン○ムのゆめ」。親に聞こえるように、そろそろクリスマスプレゼントの催促の季節?

秋日和で1日家族ドライブ。滝川市航空科学館受付で溪太が記念スタンプを手に押し、それを弟の顔に押し付けた。弟の顔には入館記念がくっきり。弟がおこって溪太の顔にもスタンプ。いい記念になると思うが、ふたりして顔を洗いに行って、受付の人に笑われた。たのしいねぇ。

昨日、母が刺身やそばつゆ、食べられる残り物を廃棄して(時々ある)、父にダメ出しされた。溪太「おかあさん、きょうはたべものすてなかった?」と、母をそれとなく気遣う。母とカラテ練習に行くふたりの3人でおでんの夕食。弟「おとうさん、きょうはおいしいってゆうかなあ?」溪太「うん、きっとゆうよ」。しばらくして父は帰宅し、食事してからカラテの迎えに行った。帰りの車内で渓太「おとうさん、きょうのおでんおいしかった？」父が「うん、おいしかったよ」と言うと、うれしそう。家に着くとすぐに母に「おとうさんが、おいしかったって」とニッコリ報告。父と母へのおさない気づかいと、間を取りもとうとしていることばはせつない。子どもの気持ちを大切に……。

父と渓太が話し中、弟が父を呼んでいたらしい。弟「おとうさん、おとーさん！　ハミガキおわりィー⁉　おとうさーん‼　じじい、くそじじいーっ‼！」母「おとうさん、呼んでるよ。ばばあってよばれたくないなあ」父「じゃなんてよばれたい？」母「……？」渓太「ひいおばあさん」笑い。渓太「おねえさん？」父「それはちょっと、無理だなあ」渓太「じゃあ、わかいおかあさん」父「えっ？」渓太「じゃあ、ちょっとわかいおかあさん」渓太の次から次へ飛び出すことばにほっこり。

渓太「やすおかりきく〜ん、みーんなしってるエッチー♪」弟「いやだぁー、じゃあ兄ちゃんのうんちのはなし、しよーっ」（渓太の弱点？）渓太「じゃ、いわないから……、やすおかりきく〜ん♪　ないしょのすこーしスケベー！」弟「いや、もぉー」渓太「エッチじゃないからいいしょ」。

11月20日〜12月11日　【8歳4か月】

母「サガルマータ、サルマータ、ケータオマタ、ブラジャーリキ」渓太「そのひとことが子どもをダメにするんだ」と、母にきついお達し（サガルマータはネパール語でエベレストのこと、チベット語でチョモランマ、神聖な山を茶化すなんて……)。

渓太「わかばやしと、みさえのゴールデントンビ……」母「えっ、トンビ?」渓太「ちがうよ、コンビ。おかあさんみたいの、トンマって言うんだ」。母がワインで酔って、〝上を向いて歩こう〟ほかを振り付けしてうたった。渓太「そういうの、アクトラクション?」。

渓太（男性教諭）と弟（女性教諭）の担任教員が結婚して新婚旅行から帰ってくる日、渓太「先生、うれしがってるかなあ?」弟「おみやげ買ってきてくれるって言ってたよ」渓太「こうふくまんじゅう、買ってくるって」父「こうふくまんじゅう?」渓太「こうふんするんだって」。えーっ‼

渓太がケン◯ッキーのおじさんの似顔絵をとっても上手に描いた。弟「おにいちゃんがじょうずなのは集中力があるから」と言った。弟はお兄ちゃんの絵に対する理解者。

渓太と弟が戦いごっこ。渓太「しょうりをさけべと、えらんでーる!」渓太と弟「きんつぶれ!　たまぞう!」。これを書いたトイレ日記を見て、渓太「おとうさんこれちがうよ、きんつぶれ、きんぞうだよ」弟「どっちでもいいんだよ。おれ、きんつぶれたまぞうって言うよ」と、ふまじめなはなしをまじめにぎろん。

渓太「テレビでせんでんやってるチョコレートケーキって高いよねえ」父「じゃ、どういうのが安い?」渓太「ド◯◯もんチョコとか」ホントそうだねぇ。

12月12日～31日　【8歳5か月】

渓太が体調を崩す。母「給食もたべられなかったみたい。食べなかったのはカボチャの天ぷらだったせいもあるけど……」。渓太が続けてくしゃみしながら「このていどなら、ぜったい学校休まなくてもすみそう」（暗に休みたい）。翌日も少々体調不良で夕方からふとんの中へ。それでも寝る間際にふとんの中で宿題をこなした。食欲はあるからきっと大丈夫でしょう。

渓太「クレヨンしんちゃんさあ、ブラウスのカサとかブラジャーとかくつ下とかいっぱい買ったんだよ」母「そう言うのはブラウスでなくて、ブランドって言うんだよ。しんちゃんのおとうさん、すぐボーナスなくなってしまうねえ」渓太の鼻歌「はーやくこい、いまさ、いまさと♪　まってるぅ〜」。

渓太と弟が父の年賀状作りのお手伝い。弟「おれもおとうさんみたいに、ねんがじょうつくりたーい」渓太「おれもおとうさんみたいに、エッチしたーい」。このちがい？

父と渓太と弟がソファに並んで、父「わぁー渓太君の足、大きくなったな」とあらためてびっくり。渓太「いいの、いいの。人それぞれ、わすれものする人でも運動できる人がいるし、運動できなくてもべんきょうできる人がいるし、みんなおんなじだったらこまるしょ」母「でも、渓太君運動なんでもできてスーパーマンみたいでしょ」。子どもを妄信する親バカの気持ちもわからんでもないけど、渓太のことばに親は反論もできない。

新しいカレンダー、父「来年もこの日記かいていい？」渓太「うんいいよ、来年も書いてよ」父が母に「母ぶんも書こうか?」母「自分では書かないけど、なにか新しいこと書いてないか、探すのがクセになってしまった」渓太「おかあさんのくちづけ?」父「えっ、クチヅケ?」渓太「ちがう、まちがってしまった、口ぐせ」と、恥ずかしそうに笑った。

大晦日の夜、渓太のテレビCMの替え歌「ひとがあってー、けつがあって~ちんちんがあるぅー♪」。こうして1994年は暮れた。

1995年1月1日 ㊐ 元旦

父が歴史小説を読んでいたら、渓太「げんじ、いきてる?」父「中日のピッチャーの〝郭源治〟か?」渓太「みやもとの、アレ」(みなもとの源氏)渓太「うしまかわる」「うしかわまる」「いわまかまる」(混乱しそう)。渓太「よしつね、どうやってころされたの? よしつねをころしたお兄さんはどうしてころされたの?」。新年早々、むずかしいギモンに直面。

1月2日~30日 【8歳6か月】

渓太「りきは、みじんぎりにしてさしみにして食う。おとうさんはトリガらにしてとんこつスープで飲む。おかあさんはなまいきだから生ハムにする」母「どうしてなまいきなの?」渓太「おかあさんは口ごたえするからドレイにする」……渓太のすきな食べ物ばかり。

父「昨日は天気がいいからスキー、今日は雪降りだから映画でちょうどいいしょ」渓太「おとうさんあたま、いいねえ」父「そう言うのは、読みが深いって言うんだよ」渓太「ぼくもはなが、高ーい」父「……」。

渓太「おとうさん、どろぼうでねえ、とびたかする人いるんでしょ」父「……?」渓太「日本で悪いことしてアメリカににげて行く人多いの?」母「運動の高跳びかと思った」。

渓太がふとんの中で「ぼくの今年のもくひょう、ふとんの中で長くねること」父「えっどうして?」渓太「心がやすまるから」。からだでなくて? 余計に心配に。

2月1日〜9日

母「今日もりきくん100点取ったんだって、算数」父「すごいねえ」母「渓太君も漢字いい点だったんだって」父「ふたりともすごいねえ」母「おかあさんもいい点とった上にさらに勉強したさ」渓太「いい点とるより、朝早くおきたり、ふとんしいた方がいい」父・母「……」。

テレビ特報王国と言う番組の中で、弟「自分でおっぱいのカタをとって、そこにチョコレートを流し込んでバレンタインにおくったんだって」渓太「ホワイトデーでチンチンのカタがお返しだったりして」。びっくり!

テレビアニメ〝キャプテン翼〟で、ふらの小FCとサッポロFCが北海道大会決勝で戦う場面、ふらのがギリギリで勝利。父「ふらの小にサッカークラブないのにへんでしょ」渓太「まんがだからいいの。サッカークラブでなくて、空知川のグランドの方でサッカーのならいごとしてるしょ、あれなんだよ」。でもどうして、渓太はならいごとのサッカー少年団を知ってる？

渓太が学校のテスト用紙の裏にドラゴンボールZ魔人ブウの変身を描いてきた。渓太は2階で体調不良で寝ている母に見せに行った。弟「ぼくにも見せてぇ、見せてぇー、おにいちゃん絵の天才かもしれない！」。

土曜の午後　父、渓太、弟、だいくんの4人でスキー。夜はふらのスキー祭りで花火大会。純白のゲレンデに花火の色彩が映え、北の峰に破裂音が響いては、しばしの静寂につつまれる。イベントをたのしんで午後8時半帰宅。渓太は歯もみがいたし、パジャマも着て、ソファにべったり、「このまま、寝てしまおうかな」。父「そしたらそのまんま外に出しておくから」渓太「いやだー、うらぎれた、とうさんのはなし。しびれてしまうしょ」。

富良野ワールドカップスキー大会のマスコット〝ミスター・フー〟の似顔絵を渓太が大きく描いた。母「渓太君、画家になれるかもしれないよ」渓太「がかになりたくない。キャラクターがいい」（漫画家かイラストレーター？）。ふとんの中で父「渓太君フリーハンドでよく描けたね、すばらしいよ」渓太「うん、おちついてる人はじょうずにかけるんだよ。ぼくはおちついてないけど、よくかけたよ」。なんとも奥ゆかしい渓太のことばに、親はおよばないな……。

渓太「おとうさんが毎日飲んでるやつあるしょ、エガ、エガオ？　エガモ？　エロが？アモガ？」母「エだけあってる」渓太「あの、サボテンのだしとったみたいなやつ」母「ちがう、おしい、エとロはあってる」渓太「エ　ロ　モ?」母「もうちょっと」渓太「……アロ……エ?」母「そうあってる」。それをトイレで聞いていた父、大笑い。

2月10日～28日　【8歳7か月】

渓太に昨年に続いてひとはちゃんとひろのちゃんが直接、バレンタインチョコを持ってきてくれた。その渓太は明日漢字のテストだと言うのに全く勉強しない。母「せっかく先生がテストだって教えてくれてるんだから、少しぐらいはすればいいのにね」。

父がソファで新聞を見ていたら、渓太と弟がすぐ横で野球バットを振りながら、野球ごっこ。渓太「おじさん、そこでしんぶん、見てたらいけんよ」父「……」。

19日W杯スキー富良野大会回転：7連勝中のトンバがリタイア、イタリアだから?

父が風呂から上がったら、渓太と弟がやってきて「どうしてチンチンつるっとむけるの?」以前にお風呂で教えたが、父「中学・高校とチンチンがだんだん大きくなったら、それにあわせて先の皮がむけてくるんだよ、心配することないよ。だからそうなるまで、中に汚れがたまりやすいので、つるっと剥いてきれいに洗おうね」

母「渓太君、学校にお箸の入ってないハシ箱を持っていったんだから、それでもなんにもいわないんだよね?　大ものだか、なんなんだか」(でも、どうやって食べたんだか?　子も子ならハシを入れ忘れた母も母、大ものだか、なんなんだか……)。

めずらしく渓太が「……、アー、アッ……」とため息。母「明日の授業参観につかう図工の教科書なんぼさがしてもないんだって」渓太「……フッ……アー、アッ」とため息ばかり。「あした学校休もうかな」。母があらためて探すと、すぐに「ノートの下にあるしょ！」渓太「えっ！　ほんと⁉」とニコニコ顔。父「よかったねえ」渓太「おかあさんどうも、ありがとうございました！　これでゆっくりねられる」。父は大笑い「いつでもゆっくりねてるのに」。

3月1日〜31日　【8歳8か月】

渓太が児童館でひな人形一対を作ってきた。父「これなに？」と、雄びなを指すと、渓太「ひこぼし……」父「それは七夕祭り、3月3日はひな祭りで女の子のおまつり。男の子の祭りは5月5日で端午の節句と言うんだよ」渓太「たんごのセックスってなに？」弟「さんご！」。どうして端午がさんごになるの？　まして節句がセックスだなんて……。

夜は雛祭りのごちそう。渓太「おとうさん、きょうはビールのつまみにやきとりがあってよかったね」。それはそれは、ご心配おかけして……。

渓太「こうえんにも、あきちにも〜ちんげがはえてますー♪　としごろのぉーきみにもわきげが、はえてきまーす♪」。なんたるうた、親の顔が見たいって言ったって、子どもは別人格。

渓太「こんどのにちようび、おひるからおとうさんとおかあさんのスキーに、つきあってやろうか？」。スキー猛者の渓太に付き合ってもらいました。

母「渓太くんねえ、テレビのドッグフードやキャットフードの宣伝を見て、〝犬やねこは、人間よりおいしそうなもの、食べてるなあ〟って、よだれをたらしそうだったんだから」。渓太「おとうさん、〝ヘルメンに、おやしんで〟ってしんぶんに書いてあるよ」と、どっきり。見ると、〝メルヘンに親しんで〟だった。親を死なせるなんて……。

母「夫婦喧嘩してもおとうさん以外の人いなくなってしまったしなあ」渓太「じっかに帰らせていただきますって……」。よく知ってるね?

母「お昼のおにぎり、もうひとつうめぼしでいい?」渓太「かまいません」。

渓太「おとうさん、せえしってなに?」父「……?」渓太「チンチンのこのへんからムジムジって、出てくるんでしょ?」とチンチンをいじくっている。なんと言ったらいいか、突然の悩ましいしつもん。ほっといてもいいのかな、性教育? ムチの父のなやみ。

父と弟がふざけていたら、弟が思わずおしっこをもらした。弟がおしっこ付きのパンツを父に投げつけた。それを拾って広げて渓太にくっつけようとしたら、渓太「とんでもない親だ!」。

親子4人でボーリング(渓太のスコア、1回目:41点、2回目:47点)渓太「おとうさんもえてたね。しんけんな顔だったよ。しんけんな顔さあ、しんぶんと本よむ時以外でもあったんだねえ」。気づかなかった……。

渓太「ぼくねえ、こうこうやきゅうがはじまったら、春だなあって思うね」。

家族して旭岳温泉〝えぞ松荘〟宿泊（ゴンドラリフト2日券付き）。大雪山旭岳ロープウェイ姿見の駅で降りる雄大な景色と変化にとんだ山間のコース。上部は広大なゲレンデ、中ほどから巨木の森の林間コース。一時、渓太と弟が戻ってこないので心配したが、未整備のバックカントリーコースを滑って来たらしい。

男3人して寝る前に、ふざけてパンツをTバックにした。渓太「げひんだなあ」父「下品てわかるのか」渓太「うん」父「反対のことばはわかる？」渓太「じょうひん」父「えっ、上品もわかるのか」渓太「そう、チンチンが長くなるのもわかるし、子どもが生まれるのもわかるんだ」といきなりの告白をさらっとされて、父は、うろたえる……。

3

小学3年　「ヨリにうでをかけながら……」オセロゲームで父に勝利

1995年4月2日〜23日

仕事に出かけようとする父の背に渓太がボールを投げつけて、外れた。父「えっー　なんだ?」渓太「いってらっしゃいのあいさつだ」。

渓太が父にアゴで攻撃をしかけ、父「いててえー」。父も逆襲して渓太の首根っこをおさえつけた。渓太「イテテー、くそっ!　しろうとにまけた」。

6日、小学校3年生始業式、渓太は3年3組。

渓太「おとうさん、ザリのおとうとって知ってるしょ?　ザリってなんだっけ?」父「えっ、なんだっけ?　ザリガニ?」渓太、クレヨンしんちゃんの漫画を見て「あっわかった、ギリのおとうとだ」。

寒い中、家族4人で自転車で南公園へ行って野球。しばらくして母「そろそろ先に帰るね」渓太「りきの小さい自転車もってってえー、おねがい」母「しょうがないなー」渓太

無題（6歳で見たマッキンリー山）
小学3年　水彩絵具　38×54cm

「おかあさん最強だよ、ダイエットの効果あってよかったよ」母「そんなほめことば、もうきかなくていいよー」。

渓太の友達や近所の子ども合計7人、我が家の内・外のあちこちを遊びまわった。２階の押入れ内は衣類も布団も毛布もごちゃごちゃ。やっと片付けてから、ふとんを敷き終わって、父ふらふらで「あーっ、疲れた」。遅れてやってきた渓太「おとうさん手伝ってあげる。おとうさん、ふつかよい？」父「……」。

母が夕食の準備で煮物のこんにゃくを飾り結びしていると、渓太「子どもくさいアイデアだ」。夕食後、休んでいる母に渓太がパンチ、あご攻撃。母「イテテェー、ほんとに痛いんだってばー」渓太「さいきょうのおばさんをたおしたぜぇー」母「……ふん」渓太「さいきょうのクソババーをたおしたぜぇ」。

4月28日～5月28日　【8歳9か月】

家族して旭山動物園へ。渓太「いちばんきんちょうした乗り物はジェットコースター、いちばんこわかったのはシードラゴン、オッ、オーとなったのは二重回転するヒコーキ、おもしろかったのは上下するヒコーキ」（いろいろな表現を使い分け）。旭川へ行く途中のクルマの中でたっぷり寝たせいか、夜に少々寝付かれず。しばらくして父が寝かしつけに行くと、渓太「これでおちついてねられる……」。

渓太「富良野小学校のトイレが北海道の真ん中なんだって。やっぱし真ん中とかはじっこって気持ちいいよね」校庭に北海道中心標の碑が立つ。

家族4人で南富良野町どんころ野外学校主催、空知川上流でのラフティング。冷たーい雪解け水で増水している激しいコース：全長約6キロ、途中温かい飲み物の休息を含め約1時間。渓太は最初から、ボートの舳先で全身ずぶ濡れ、「川のコブがいっぱいあって、スキーのくまおとしコースより、ずーっと、おもしろかった！」。終了後、施設の開放的なお風呂場の巨大な五右衛門風呂で冷えた身体を温めて、身体の中の自然もおだやかになる。

母がトイレに入っているところへ、渓太「おかあさん、早く！　シッコ！」母「いま、おわるところだから……」渓太「おかあさん、おちついてやってるしょ！　わかってるんだから！」。渓太滑り込みセーフ。母「シッコって言ったのに渓太君、うんちしてるみたい」。

「そりすべり」（ぶつかるー）　小学3年
版画　54×39cm

5月28日　久し振りの晴れ～6月23日　【8歳10か月】

朝5時起き、父の後に渓太がおしっこ「だれこんなにくさいの、とうちゃん?」父「渓太君の目がさめるようにね」渓太「身体はさめたけど、目だけさめてない」渓太の追い打ち「とうちゃんのくさいとこ、ベストファイブ」父「そんなとこないよ」渓太「ワキゲ、ムナゲ、足、チンゲ、それにマタ」⁉

数日前から渓太の目の具合が悪い。渓太「おとうさん、目ぐすりつけて。今日、目のはいしゃに行くんじゃなかった?」母「渓太君、耳の医者のこと、耳の歯医者って言わなかったけど、なんて言ったと思う?」父「……?」母「み医者」。

弟が下敷きのバスケットのアニメを指して、「おとうさん、どれが一番かっこいい?」父「よくわからん、でもこれ背番号10をつけてるけど」渓太「バスケは5人でやるんだよ」父「だって10とか11ついてるしょ」渓太「広島の選手チェコは104番つけてるよ、104人で野球やるのかい?」と、小バカにした笑い。

第19回全日本剛柔流空手道選手権北海道大会、札幌で開催。3・4年生の部：型6位入賞。

6月26日～7月22日　【8歳11か月】

父と母が、渓太と弟のふたりで名古屋のおばあちゃんちか、どんころ野外学校にやるか相談していると、渓太「こういうことわざあるよ、なんとかかんとかにはたびさせよ、かわいいくだもの食べさせよ、でないし……、かわいい子にはたびさせよ!」。子どもが自分で言うか？

渓太「ペチュリップ？　うちの庭にある花なんだっけ？　……ペチュニア！」渓太「おせんかでなくて、おすいせんでなくて、おせんすいでなくて……」父・母「……？」弟「おさいせん」。どうして、弟にはわかる？

いつもはガラパンツをはいている渓太だが、父「白いブリーフパンツもカッコいいでしょう」渓太「カッコいいとか言うもんだいでないべや」。

渓太が虫刺されか、かぶれたか不明だが、チンチンや足の付け根が痛かゆいらしい。自分でクスリをぬっている。父「汚い手でかきむしると余計悪くなるぞ。病院で看護婦さんにチンチンにクスリを塗ってもらわなくちゃなんなくなるぞ」。このセリフがかきむしりによく効く、ぴたっと止まる。

渓太がテレビを見ながら父に向って「ねえ、おかあさん」父「えっ？　おかあさんはあっちにいるよ」渓太「おかあさんをおとうさんて、まちがえるから、おとうさんはおかあさんでいいしょ」。？　へんなの。

渓太と弟がテレビドラマ風のふざけっこ。渓太「あっはっはー、わたしの姿は消えた、見えないべ」弟「よく見えるしょ」渓太「そんなこと言って、わたしとおんなじみょうじだなんて、なさけないべえ」。

渓太「おとうさん、イエティってロッキー山脈にいるんでしょ？」父「雪男イエティはヒマラヤにいるんだよ」渓太「ヒラヤマ？」父「えっ？」渓太「ヒラマヤでしょ」。

渓太は自転車でこけて打った左手を、さらにドッジボール（2試合とも勝利）で傷め、その上さらにカラテの組手で4年生ふたりと戦った。それで家に帰って、名誉の負傷で左手に大きなシップ薬を自分で貼った。渓太はニコニコ、やっとケガができてうれしいらしい。

サッカーJリーグの前期優勝を決める最後の大事な試合を見ていた渓太と弟に、母「君たちお風呂！　お湯が入ってるよー」渓太「かあさんズルい」とちょっと泣きべそ。渓太「かんこくではおふろにそんなに入らないしょ」父「ここは日本です」渓太「同じアジアだからいいしょ」渓太「2試合れんぞくでおふろに入ったよ！　かあさんなんかおふろにお湯いれたら、それでもう勝ちと思ってるんだから」と、食い下がったが、結局お風呂に入った。湯の中で渓太「あーっ、つかれた……」そしてつぶやいた。「ねむ、た……いいーよるはー……」〝ねむたい〟と言うと父に「そらみろ、もう寝れ」と、いわれるもんだから、うたにしてごまかしたが、うつろな目がなんともおかしい。

23日、第27回空知川イカダ下り。父と渓太と弟が参加し計7人。手作りイカダで、コンテストも順位もなく、それぞれの思いを込めて流れに身を任せるだけ……。ただ、わがイカダは性能がよすぎて、にぎやかな集団を引き離しだんとつトップ。トップがこんなにさびしい、なんて。

渓太「スイトコビッチ」「スコトイビッチ」「ストコイビッチ」正解は？　Jリーグサッ

カー、グランパスの選手：ドラガン・ストイコビッチ。

7月27日〜8月7日　【満9歳】

渓太の誕生パーティーはテラスの大テーブルで。長椅子に父、母、弟の3人が座り、反対側には丸椅子がひとつ。渓太「ぼく、ここにすわる」父「今日は渓太が主役だから、そこにひとりでいいよ」渓太「やったー、とくちょうせきだー！」（特等席）。パーティのメインは知人から留萌の土産にもらった毛ガニ。母「カニって、ガラばっかり、おかあさんみたい」渓太「カニのアブラかい？」弟「なーるほどー、とおーしばァー♪」。

渓太が弟を笑わせすぎて、弟は3回もシッコをもらしてしまった。おまけに弟は「はらがいたーい」と笑いすぎて泣き出してしまった。渓太「おれがギャグを教えてやらなければ、りきは、くらい人生だったなー」。

父「タリラリラーのサラリーマン〜」渓太「そんなうた、ないべや」渓太「ボッロボロのぉ♪　サラリーマン♪」。

渓太「りきはねえ、大人になるまでに、おかあさんに口びるをうばわれてしまった」母「口びるはねえ、ほんとに愛してる人だけ」。

あわてて顔を洗おうとした渓太、顔を両手でごしごし洗い、水を受ける時もそのまま両手を前後にゆすっていた。とってもおかしい。

渓太「きんさん、ぎんさんの子ども70なんさいだけど、死んだら親ふこうって言うの？」

父「そうだねえ、子どもはなん歳になっても、親にとっては子どもだから、親より先に死んだら親不孝だねえ」。

8月2〜4日、キャンプ旅行：札幌〜岩内町方面。

2日の出発の朝はくもり空、途中から陽が差し始める。渓太「きっと神様が天気をよくしてくれたんだよねぇ」弟「お兄ちゃんも、たまにはいいことゆうね」。オートリゾート滝野泊。3日：岩内町いこいの家に宿泊。朝のテレビで霊柩車が映る、渓太「あれは、けっとうしゃ？　れいこうしゃ？　れいとうしゃ？　……れいきゅうしゃ？」。お昼に岩内町でお寿司屋へ。誠寿司と清寿司の2軒あったが、誠寿司に入る。注文してほどなく寿司が出てきた。弟「まことに早いなあ」渓太「ここからなまげのいいとこ」（眺め）渓太「しんじゅの出る貝、なんてったっけ？　アコガヤイ？　アホヤガイ？」弟「しんじゅの出るのはアコヤイカだっけか？」渓太「親が発音わるいと、子どもがまちがっておぼえてしまう」弟「おやがブタだと子どももブタになる」渓太「かあさん、アレなのに、どうしてぼくたち細いの？」母「わたしもおこられるばっかりでなく、少しは考えなきゃねぇ」弟「おかあさんは、おこられるうんめえにあるんだなあ」。

父「これから海岸で花火するか？」母「そうねえ」渓太「それはロマンチックなことだなぁ」父「今回の旅行は、素晴らしい絵（木田金次郎、西村計雄）も見たし……」弟「めちゃめちゃかいてるだけじゃないの」渓太「でも、げいじゅつレベルの高い人にはいいんじゃないの」。

朝食時に父が味噌汁をこぼしてしまった。昨日ジュースをこぼして父におこられた弟に逆襲されて、父は頭をはたかれてしまった。渓太「そう言うの、さるも木からおちる、って言うんでしょ」。諺ピッタリ？

8月8日〜24日

父がトイレに入ろうとしたら、母に先越されてしまった。渓太「親のトイレきょうそうはかあさんの勝ちだ」父「臭い消しておいてくれよ」渓太「とうさんのあとのトイレはくっちゃい！　かあさんのはなめらかなクサイと言うかんじ」。父のトイレ後、渓太と弟がふたりしてわざわざにおいをかぎに来た。渓太「とうさんのはこいくささ」。居間に逃げ帰った弟「ここまでにおってくる」。そんなぁ……。

弟が作文の中で父をほめた。母「りきくんおだてるのうまいなあ」弟「おだてたんでない、ほんとだもん」渓太「りき、大きくなったらぜったいうま、けいば、かけひきまくって、カネもうけするなぁ」と、母と渓太ふたりして弟を茶化す。父「りきくん、とうちゃんうれしいな」。

渓太が小鼻を吸引力で鼻腔にくっつけるワザを披露し、力のあまり鼻血が出てしまった。そのあとしばらくして、風呂に入った。渓太がムキチンして洗っていると、チンチンについた泡がとつぜん赤く染まった。渓太「あっ！　チンチンが、きれたーっ！」。父もあせった。

渓太「……?、これ……はなぢでしょ?」よく見ると渓太の右の鼻の穴が赤くなっていた。渓太「いやー、チンチンからほんとに血が出たかと思ってビビったさ」。そりゃぁ、だれでもびびるさー。それと気づかずに命中するなんて……。

渓太「おとうさん、秋にうまれたからあきとしなんでしょ」父「じゃあ、渓太君は夏生まれだから夏太って言うか?」渓太「りきくんは春生まれではるりきだ、おかあさんは冬美だね、おかあさん、身体はあってないけど、名前はぴったりでしょ」母「最近ふたりしてスッゴイいやみなんだから」。

8月28日〜9月24日　【9歳1か月】

渓太、夕方5時まで外遊び、帰宅後少々具合悪そう。それで体温を測ったら38・2度で、やっと念願の病気になれた。翌朝に体温を測ると36・1度、弟「ぼくよりひくい」父「さすが渓太君一番元気な温度」渓太「うそー、38度とどこがちがうの?　まだのどがいたい……」父「36度は元気、37度はちょっと熱がある、38度は熱がある、39度は座薬、40度は入院」渓太「……」父「元気がいちばん!」。あきらめきれない渓太が今朝も体温測定、「36度、かぁ……?」。

母が渓太に問題「350円の鮭を10人で分けると、ひとりいくらでしょう?」父「頭も身もしっぽもみんなおなじか?」渓太「かあさんなんか、おもらない（おごらない）からひとりで食べてしまって自分で350円全部はらうんだ」。これは算数問題ではなかったか?

渓太が朝からぶどう品種をたべている。「おとうさん、これバッファローって言うんでしょ、小さいのはデラウェア」父「よくおぼえているね」母「じゃ、緑色のは？」渓太「マスカット」母「じゃ、黒くて大きいのは？」渓太「きょにゅう？　きょふう、きょえい……？」父「巨峰って言うの、きょにゅうって大きいおっぱいのこと」。渓太が照れた。「おれ、かんちがいしてしまった」。

父「今日はハタンキョウをたべてきた」渓太「はたんきょうってなに？」父「スモモみたいなくだもの」母「うちのソルダムなら、もったいなかったね、虫に食われて」渓太「おんなのハエを虫かごに入れて畑のはじっこにおいといたら、おとこのハエがよってくよ」父「それでソルダムの虫よけするって言うこと？」母「うちの子ならすごい発想するよねえ、そんな子、近所にいないよ」（ハニートラップ？）。

夕食後、父が渓太に「最近、あんまり夫婦喧嘩しないしょ」渓太「うん、じみだ……くらい……」。親が喧嘩しないことで、渓太はよろこびもしないし、ほめもしない。それが当たり前だし、内心からなかよくなったわけでなく、けんかがじみになっただけでしょと言いたいらしい。子にゆるしを乞うたみたいで、ホント、カッコわるい……。

渓太「おとうさん、カラテねえ、じとかじみょうにいいんだって」父「痔とか寿命とか、どういう関係あんの？」そこで弟によるカラテの型の実演、「こしとチンチンをひょいとつきだし、こうやってこうもんをしめるから、じにならないんだって」ふぅ〜ん、ためしてみるか？

9月28日〜10月26日　【9歳2か月】

渓太「かなしいから、大根、たべまくった」。いったいなにが？　親は把握できていない。大根を食べまくる渓太を想像しておかしかったが、よく考えると、かなしくなった。どうしたの？　なにがあったの？

家族4人で富良野岳登山、無風快晴の絶好の日より。

渓太「若葉町のわかって、若草物語のわかか、若いのわかか、どっち？」。どっちって聞かれても……。

母「好きな人の名前も言えないくせに」渓太「あいにく、オレにはすきなひとはいないんだよ」。しばらくして、父「さっきなんて言ったんだっけ？　〝ざんねんなことに〟だっけ？　〝しょうがない〟だっけ？」、なんかむずかしいこと言ったよね」渓太「あいにく、だよっ！」。

久しぶりの快晴で家族4人で天人峡へ。羽衣の滝および敷島の滝めぐりで往復2時間半、紅葉と滝めぐりに程よい運動と温泉。渓太は行きも帰りも車の中でぐっすり。帰途、買い物して自宅で父の1日早い誕生パーティー。プレゼントは渓太が小遣いから1000円、弟が1100円を出しあって藤沢周平の本〝漆の実のみのる国〟。弟「しょうひぜい60円で、ぼくのおつり40円は、にいちゃんが取ったぁー」。母からは帽子とアウトドア用ナイフセット。心に残る誕生日を、母さん、渓太、りき、ありがとう。母「みなさんおとうさんのいちばん好きなところは？」渓太「がんばるところ」弟「やさしいとこ」母「よっぱらってさわぐところ」。母子でずいぶんちがうなぁ。

父、アースグリーンの会合で夜に出かける。渓太「おとうさんは、やくそくを守るから信用されるんだね」。いつもではないのでてれくさいが、渓太は大事なことに気付いてる。

男3人で風呂に入った。湯船で父「ユ〜レイティー♪　ユーレイユーレイ、ユーレイティ〜♪」とヨーデルのまね。渓太「おとうさん、それなんだっけ？　ヘイジ？」父「銭形平次じゃあるまいし、アルプスの少女、ハイジでしょ」。

10月29日〜11月20日　【9歳3か月】

母「もうちょっとで1か月、具合悪くならないで済むなあ」（母は月2回ほど、数日ずつ定期的に不調に）父「今度はふっきれるかな？」母「靴下脱いでも足が冷えないし、体調がいいんだから」渓太「前は心が冷えていたのかな？」。微妙な言い回しにどっきり。

父が自分の庭とお隣さんのぶどうの剪定を終わって、家に入ったら渓太が父に絡んできて「おとうさん冬のにおいがする」父「冬のオナラしたかな？」。ロマンチックな息子に、寒ーい返事。

朝食時に父が、残ったご飯に味噌汁をかけてたべていたら、渓太「おとうさん、犬かけごはんだね」皆「……？」。なんか少しへん、犬はかけられないしね。

父「エジソンの発明したものはなんでしょう？」渓太「いろんなものを発明するのはまず

しい人ばっかりだよねえ。金持ちは楽して人に働かせるから考えられないんだよねえ」（そんなこともあるかもしれないなあ）父「渓太君はエジソンの本読んだか？」渓太「ぼく、ファーブル読んだよ」。

渓太がオバケの絵を描いた。子どもが怖がって逃げてゆく構図。渓太「この子のクツがぬげて、おそれいりましたって言ったら、オバケがやったぁーってさけんでるところだよ」。子どもがオバケの側から描いた絵を見たことがないが……。

カラテの稽古から帰ってきて、弟の報告「〝おれが苦戦するなら、やすおか兄だな〟ってたけるくん（カラテ3兄弟の長男、中学3年生の強豪で上位入賞の常連）が言ってたよ」父「どういうこと？」弟「しょうらい、たける君が〝まけるなら、やすおか兄にだな〟ってゆうこと」。渓太はまだ小学3年生、大会で入賞しても自分のことは誇らないし、言わない。親の期待にも知らんぷりん。

渓太「おとうさんとおかあさん、へいゆうってゆう人、声かわったらどうなるの？」母「甲乙の丙ゆうみたいでしょ。声優ってゆうんだよ」渓太「おとうさんの小さいころテレビで仮面かぶって、てっぽう持ってる人かっこよかったんでしょ」弟「ハリマオだよ」父「仮面の人は月光仮面で、ハリマオもよく見たよ」渓太「てっぽうふたつの二刀流でしょ」弟「おとうさん、おーかんげき！　ってかんどうしたしょ」……なつかしい。

母「日本女子マラソンを、渓太君が〝おんなのこマラソン〟て、言ったんだから」。

11月23日　勤労感謝の日〜12月13日　【9歳4か月】

　ワールドカップバレーボール、男子4戦全勝同士の日本とイタリアが対戦。

　父「日本かつといいね」渓太「いやー！　そんな言い方したらまけるー」父「？」渓太「日本は勝つの！」母「渓太、日本いのちだものねえ」父「あっそうか、日本は勝つよね」弟「おにいちゃん、日本が負けるとしんじゃうね」父「りきくん、しーっ」。〃勝つといいね〃とか〃きっと勝つよね〃とか少しでもうたがい含みのことばはダメ。渓太に対しては〃日本は勝つ！〃このことばのみがゆるされる。この熱い思いはきっと日本選手に届いている。ただし、負けるとわかっている試合は決して見ない。

　父「今日、お風呂は？」渓太と弟「きのう入ったよ」渓太「ただ、つかるだけなら毎日でもいいけどね」父「温泉につかるのはいいよねえ」渓太「おんなぶろはどういう風になっているのかなあ？」父「渓太くんとりきくんならまだ子どもだから、女風呂に入れるしょ」渓太「お父さんも入ればいいしょ」父「父ちゃんが入ったら、キャーって叫ばれてしまうよ」渓太「こんやくブロならいいしょ」弟「こんやく？　こんにゃく？　……こんよくって言うんでしょ」渓太「おばあさんだったら、さけぶかなあ？」。なんて疑問だ？　でも、どうかなぁ？

　渓太「おとうさん、この前いちぞくで、のうきょうスーパーに行ったしょ？」。家族4人で〃一族〃っていいねえ、父でもいっぱしに一族引き連れているみたい。

渓太「ねぇおかあさん、赤ちゃんが生まれそうな時、うんちもらしたくなったらどうするの?」と、とんだ質問、でも、父も聞きたい……。

12月14日〜28日　【9歳5か月】

父が渓太にオセロゲームで負けてしまった、クヤシイ。渓太はそれまで弟に3連敗していて「ぼく、オセロ大会に出ない」と、言っていたのに、父に勝った途端「ぼく、オセロ大会に出たくなってきた」と、分かりやすい。

父が帰宅すると渓太と弟はテレビ観賞、渓太「おとうさん、これビートルズでしょ」父「……?」渓太「オブラダ♪　ポリタダ♪」。

空手道場納会、母と渓太と弟の3人参加。父「そろそろ、お出かけですよ。みんな服着てよ」。見ると、渓太はパジャマにズボンをはいていた。そして今日1日着ていた服をパジャマの上に着た。父「それはないでしょう」と、言われて新しい服を着た。父「りきはまだか?」弟「あっ、これぼくのでない。お兄ちゃんぼくの服着てる」。渓太は知らん顔して弟の服を着ていた。ちょっと丈が短くて、下着がはみ出ていて変だなとは思ったが、渓太「なんだ、また着なおしか」!?

来年用'96年カレンダーの日付に記念シールを貼る。渓太「おとうさん、けっこんきねんびはいつ?　それで、これなんてよむの?　べんぴ1か月前?」。〝免許証更新1か月前〟と書いてある。免とか更とか便に似ていなくもないが……、でも便秘1か月前って、どんな状況？

渓太「おかあさんエロいから、おとこもんのテレビ見たがるんだよ」母「それなにさ、男もんの下着とかなら聞いたことあるけど」。男もんの番組って？

弟のほしいクリスマスプレゼントはロイヤルキング城（レゴブロック）。父「そんなに高いのはダメだ、サンタさん困るしょ」渓太「いいしょ、うちでおカネ出すんでないから」。えっそんなぁ？

朝起きて階下へ下りる時、父の背に渓太、渓太の背に弟、３人の総重量約１２０キロ、やっと階下に着いたら、渓太「あーあ、つかれたっ」。先に、言われた。

1996年1月1日㊊　元旦〜17日㊌

父が教えた将棋がメキメキ上達、でもまだ父には勝てない。父「おふろにはいろ！」渓太「ノーノー」父「じゃあ、なにするのさ?」渓太「オセロ」父「えっ」。近ごろ、父は渓太にオセロで2連敗、渓太「ふっふっふー、またうれしみをあじわうのさ」。結局父は渓太に4角をとられて3連敗。その翌日、将棋で父は簡単に渓太に勝った。「ふん、おとうさんに勝たせて、自信つけさせようとしたのさ」。

父の背中に渓太と弟がふたりして乗ったり、交互に馬乗りやバイクの練習。渓太「もっといっぱいこうふんさせてあばれないと、おもしくない。あきとしをこうふんさせるには、かあさんのパンツを見せればいい」。

母がドタキャンで、男3人でお出かけ。苫小牧ファンタジードーム（屋内遊園地）、登別伊達時代村、支笏湖レイクサイドヴィラ泊、苫小牧で映画『ゴジラ対デストロイア』。渓太が朝刊を見て「いたつってテニスの人?」弟「えっ、いたち?」見ると伊達って書いてある。渓太「あー、だてって、こういう字だったのか」。伊達時代村の〝だて〟がこの時わかったらしい。そこで買った刀で渓太と弟がたたかい。渓太「いんさつ、まんげりげり〜。あっまちがった、ひっさつまんげつぎり〜（必殺満月切り）。おれにはしみがみがついてるんだ、りきにはびんぼうがみだー」（死神、染み紙?）。

渓太「おとうさん、脂肪のトリと肉のトリ、どっちがいいの?」父「脂肪のトリはブロイラーでアブラが多いけど肉はやわらかい。遊んでるトリはちょっかたいけど味がある」母「じゃ、農高のトリの燻製はあのかたいやつ?」父「卵を産む回数が減っているかもしれないと、肉や燻製になってしまう」母「じゃ、お母さん今ごろ燻製になっているかもしれない」弟「うん、そうだね」渓太「じゃ、りきはゾイラーになるしょ」父「……?」（ひょっとしてブロイラー?）。

渓太、朝食時にズボンの両すそから両手を突っ込んでいる。母「渓太君、今日もパンツ穿いてないんでないの?」渓太「うん、たぶん」父「多分でなくても、はいてないんでしょ」。母「りきくん、大学院までいけるかなあ」渓太「さかてかせー?」母「よくそんなに上手にまちがえられるねえ」（博士課程）。

1月20日〜2月14日　【9歳6か月】

新聞を見て、渓太「これ、いしはらゆうじろうでしょ。これは、はしらぎんぺえでしょ」。桂銀淑をすっと読んでしまう、ケイ・ウンスクと言う韓国の歌手。

家族してナイタースキー、渓太「もう、パカッとのスキー靴が変だ、カパッと……」弟「片っぽ、でしょ」。

母「渓太くんて、ずるいんだから、りきくんに〝ぼくの財布と、りきの財布の中身の量がちがうから平等に分けよう〟だって」渓太「ちがうよ！　りきに１００円くれって言っただけだよ」父「それなら朝、学校に行く時、りきのかばんを持ってやったりすれば、くれるかもよ」母「りきがいじめられたら、助けてやったり」弟「兄ちゃんがいちばんいじめる」（ありゃー）。

知り合いからもらった〝吟醸缶酒まぼろし〟。母「1本しかくれなかったから、値段高いんじゃないの？」父「そうでもないんじゃないの、大吟醸よりちょっとおちるかも」（夫婦して失礼だね）渓太「おとうさんには、合わないんじゃないの。値段が高すぎて」。渓太はよくわかってる。

新聞の折り込み広告のおひなさまの段飾りを見て、渓太「ぼく、この男知ってるよ」（おびなを見て）父「そう、じゃこっちのはおりかさま？　ひろのさま？　ひとはさま？　それともいずもさま？　まやさま？」渓太「でも、このぶつだん高いなあ」「……！」。渓太「それでもちきゅうは動いてたってゆう人いるしょ？」母「コペルニクス」渓太「そう？」父「ガリレオでないの？」渓太「うん、そうそう、ガレリオ」。

渓太は朝、めずらしくだらだらしながら学校へ。夕方帰ってきて「きょう、ぼくちこくしたさ、教室に入ったらもう朝会してた」。遅刻と言う新しい経験をして、少しうれしいみたい。

父「さっき渓太君なにか、おもしろいこと言ったよね？」母「そうなのさ、おかあさんがか弱くない、反対だって言いたいのさ。〝か強い〟って」。創造的なことば。

2月15日〜3月10日　【9歳7か月】

渓太が校内版画コンクール入選（各クラス3人）。渓太「ヨリにうでをかけながら……」。

渓太「おかあさん、けっかんキレやすい、かんにんぶくろがキレやすい」。

渓太、家庭学習中「おとうさん、あれ、えぞきだった？」父「なぁに？」渓太「あの白いやつ。あっ、しらかばだ」。自分で白い、と言ってから、しらかばと気づいた。えぞきはひょっとしてえぞまつのこと？

渓太「ぼくねえ、おとうさんにカラテで勝ったゆめ見た。おとうさん、てんじょうに上がってにげて行った」。まさゆめみたいだねぇ。

父が母に「スキーに行くのになんでそんなに化粧濃くするのさ？」母「そう？」渓太「おかあさん、あつげしょうだよ」。母はそのことばを無視してとなりの部屋へ。弟「おかあさん、やすおか家の山んばだ」。弟のそのことばを、渓太は母に告げに行った。戻ってきて、渓太「おかあさん、〝なんとでも言え〟だって、さすがにおかあさんなれてるな」。母がスキー最終講習の検定へ。べた雪で、母「雪質が変わったら全然うまく滑れないんだから、実力がないのがばれてしまった」。するとそれまでゲーム〇ーイに熱中していた渓太「ふだんの行いがわるいからだ」母「そんな追い打ちかけるようなことを言わなくても……」。折角の化粧も、検定も散々な母の一日。

母「渓太君体重38キロあるかと思ったら、35キロしかないの、どこでダイエットしてるの？」渓太「してない。給食のおかず、ひとつ余分にもらって食べて、みんなからひょうじょうしょもらった！」母「えっ、評定所？」渓太「ひょう、しょう、じょう、もらったの！」。そんな表彰状あるんだ？

父がカラテの渓太と弟を迎えに行ってから、部屋で立ったまま新聞を読んでいると、渓太「おとうさん、しんけいしつになるからすわりなさい」父「神経痛でしょ」渓太「おとうさん、からだが冷たいからかたい」。

父と渓太と弟の3人でじゃれあい。渓太「ぼくは、おとうさんから生まれたんだ」弟「えっ？　男が男をうんだって⁉」渓太「それは、ホモリって言うんだよ。……タモリ？」。男は子どもを生めないことがわかっていて、こういうことを言う。生みの母の心境はこういうことだったか？　父はくんしょうをもらった気分で、もうおカネもメイヨもいらないと思わされてしまった。

3月12日〜24日

渓太「カシャ王って知ってる?」父「……? アシャカ王でないの」渓太「うんそう、インドで国をおさめながら、仏教を広めた人なんだよ」母「アショカ王」。あーしょうか、渓太の興味はインドまで。

弟「きょう、おかあさんは?」渓太「おかあさんは近所、おしゃべりは口の運動になる。おかあさん、調子悪くても口はたっしゃに動く」。

父と渓太がふざけあっていたら、渓太「イタイッ! 口に目が……ちがう、手に目が入ったぁー」渓太「アラブみんみんちょうわ国」。とってものどかで平和な国に思える。

低学年

6〜9歳のころ＝遊びまっしぐら

子どもは好奇心いっぱい、遊び心がそのまま服を着ているようで、すぐに誘いに乗ってくる。特にこの期は子どもも親も遊びで目いっぱい。遊園地で「おとうさん、ごひゃくえんあたえてやるか」「スキーにつきあってやろうか」。子育てというより、子どもに遊ばれている。以下、この3年間の遊びの実績。

●キャンプテント泊旅行：道南、道北、十勝、山部太陽の里など北海道中、子どもに道路地図の読み方を教え、運転が安心で楽に。

●ホテル泊旅行：旭岳スキー場および道央旅行。父の年末年始休暇が、大晦日から1月5日のため、毎年正月料金明けの3日以降に層雲峡温泉や白金温泉、登別温泉などに宿泊。冷えた正月の残り物が出てくることもあるが。

●公園、遊園地、テーマ施設：動物園、美術館、鉄道、石炭、昆虫、恐竜、お菓子、十勝岳望岳台などの自然探勝等々日帰り可能な施設はほとんど網羅。温水プール、パークゴルフ、アスレチック、ゴーカート、ボートなど運動関係施設があれば必ずやる。展示物などはかる〜く、見たふり。

●祭りやイベントへの参加：平和祭、北海へそ祭り、空知川イカダ下り、ワインぶどうまつり、スキーまつりなど富良野のイベント、アイスケートショー、サーカスほか、近隣市町でのイベント情報につい誘われてしまう。

●演劇、コンサート：劇団わらび座、親子劇場公演。コンサートは河島英五、伊藤多喜雄、ほくでんファミリーコンサートなど。和太鼓〝鼓童〟の公演では、まさか、とは思ったが、渓太と弟は太鼓が乱打される中、途中から自席で気持ちよさそうに眠った。大人向けの演劇やコンサートでも渓太と弟は退屈しない、寝てしまうから。

ほかに映画は数知れず、登山（旭川嵐山、富良野岳、十勝岳、斜里岳、空沼岳）、カラオケ、ボーリングなど盛りだくさん。

●演劇について、渓太と弟が小学校入学前のこと、子どもを同伴したことがあった。

母の希望の〝梅沢富美男一座〟公演は、子どもを抱いて見始めたが、弟はすぐに寝て、渓太も追うように寝てしまった。父も、気がついたら……残念だった。

地元の演劇集団の公演があり、父の希望と応援のため前売り券2枚（子どもは抱いて）購入、当日受付を済ませ中ほどの席へ。夜公演のため、子どもは眠そうだったが、開演直前に係員から、最後列の空席へと移動を要請された。そして、開演間もなく再びその席からも退場を……。シンとした中、家族4人で2階から1階ロビーへの階段を下りると、劇団主宰の方から子どもに「君たち、残念だったね」と、声をかけられ、ドアを押して暗くなった表に出た。

4 小学4年
「にぎやかに出てきなさーい」(すみやかに)サッカー少年団入団

1996年4月1日〜21日　【9歳8か月】

渓太は4年生になって「新しい生活についても考えられる」。

マンガ名探偵コナン、の表紙に刀の絵。渓太「おとうさん、この刀、八千代って言うんだよ」弟「菊千代だよ」渓太「おとうさん、むらさめまるって名刀?」父「そう、村雨って言うの」渓太「くらえ！　むらさめキック！」。父にキック、これがやりたかったんだな。

カラテ帰りにペンションのクルマ、○ジェロとすれちがう。渓太「あのクルマの方がねだん高いんでしょ」父「そうだねえ、高いなあ」渓太「オ○○セイの方が広くていいのにね。オ○○セイはねだんの安いのが欠点なんだなあ」。うまいこと言うなあ。

渓太「家庭学習、先生にたのもうかな」。えっ　ウソ?

渓太「サッカーの名古屋グランパスって、どうしてグランパスって言うか知ってる?　なごやのおしろに、シャチノコがついてるからだよ」。シャチの子?　しゃちほこ、だよね?

無題（弟のグローブ）　小学4年
水彩絵具　27×38cm

渓太「おとうさんなん才だった？」父「りきくんの年に40足した数字、君たちのお父さん、もっと若い方がよかったしょ」渓太「そうでもない、たたかいする時におとうさんつかれる方がたたかいやすいしょ」。渓太の心づかい？

渓太が奥の乳歯に小さな穴が開いているのを気にして、竹串でほじくっている。父がトイレ中に戸を開けて「茶色くなっているの虫歯じゃないの？」。なにも今、ここまで聞きに来なくてもいいのに。

朝食後、父に続いて渓太も外に出てきた。渓太「今日、外はあったかい。さんぽしてくるかな」と、山に向かって行きかけたが、すぐに戻ってきた。渓太「あの二人に見つかったら笑われるな」。渓太の下は半ズボンで上はパジャマ。父「ふたりってだれさ？」渓太「○○○ハウスと○○○○荘のふたり」母「おりかちゃんとゆきちゃんでしょ」（スキー場に近いロッジの同級生）。

父・渓太・りきの3人でスキーシーズン終了後、北の峰ゴンドラコースのてっぺんまで、スキーをかついで登った。雪はまだまだたっぷり。だれもいないゲレンデはとても静かで、BGMのかわりに鳥が春の喜びをさえずっている。ゲレンデはらくらく、自由気まま、気分爽快。登り約2時間、下りは休み遊びながらスキー滑降で20分、少し汗ばむがサイコー！

母と渓太がサッカー少年団〝ふらのFC〟の説明会へ。我が家にはサッカーに縁もゆかりも情報もなかったけど、渓太は1歳のボール蹴りから始まり、小さな芽をしっかり育ててきた。だから、ひそかに4年生になるのを待って、自分から〝サッカーやる〟と父と母に言ったんだね。サッカー少年団、いつまでも楽しめるといいね。

4月22日〜5月10日　**【9歳9か月】**

渓太のはじめてのサッカー練習（扇山小学校体育館午後7〜9時）。渓太「おとうさん、ぼく2点も入れたよ。おもしろかったよ。みんななかまに入れてくれたみたいだし」。カラテとサッカーの2足のわらじの第1歩を記す。それぞれの競技が互いにプラスになりそう。渓太「明日のないかけんしん、てなにするの？」父「悪いところはないか、って調べるんだよ」渓太「えっ、きっとちゅうしゃするんだ」父「注射はツベルクリンとかワクチンとかで、内科検診では打たないよ」渓太「スベルリンク？」父「スケートリンクじゃあるまいし、ツベリクリン……？」弟「ツベルホルモン」。

母、渓太、弟の3人で母のクルマに乗って旭川永山小学校へ。渓太はじめてのサッカーの対外試合。渓太「今日サッカーの試合でぼく1点いれたよ。ほかに点入れたのは中学生ばかりで、小学生はぼくだけだった」。

第20回全日本剛柔流空手道全道選手権大会、小学生3〜4年の部　型：渓太優勝、弟4位と大健闘。同じく一本組手：めずらしい兄弟対決で渓太優勝、弟が準優勝。

弟が父の残り少ない缶ビールをひっくり返した。弟がそれをふきんで拭こうとした。父「勿体ないべ」と言うと、弟はそれをなめようとした。父「しかたない、ふくしかないか」渓太「おとうさんのおき場所がわるかったのか?」父「えっ?」渓太「まあどっちかといえば、りきがわるいかもしれないけど」父「渓太君いつからそんな微妙な判定ができるようになったんだ?」母「むかしからおしばいがとくいだったからねぇ」。でも、父のおき場所のせいかもしれない。〝勿体ない〟と、弟をとがめる父に対し、渓太は弟をかばう。両成敗のような渓太の判定に、父も弟も納得する。それにしても弟も、飲んだことのないビールを責任取って、なめようとしたなんて……、せつないね、これでは親失格だな。

3月まで3年生の担任だった先生から渓太へのおはがき。

『元気にがんばっているのでしょうね、4年生は委員会やクラブと新しいこともたくさん、渓太君はなににチャレンジしているのかな? 今日このはがきを出そうと帰ってみたら渓太くんからのカードと手紙がとどいていました。さすが渓太くんと思わされるカード(すごい!)と先生の顔の絵を見て、なみだが出ちゃったよ、うれしいなみだが流せる先生は本当に幸せものだね、これも渓太くんやみんなと出会えたおかげ、本当にありがとう。サッカーがんばって!』

5月12日~6月23日　【9歳10か月】

朝、新聞を読んでいた父の背中におぶさって、渓太「年をとっても、まだこのホネはやわらかい」。つぎに父の足をマッサージして「これで、気もちよくなったら100円をくれるはずです」。骨が柔らかいと持ち上げ、次にマッサージ、さて、100円はめられたか？

運動会の振替休み。母と弟との3人で旭川へ行く車内で、母「渓太君が少しほほ笑んで〝ぼくねゆめの中で6回もぼうしをなくしたの。そしたら一度に6個のぼうしが出てきて、どれにしようかまよっちゃった〟だって」帽子をなくしておこられたから？

渓太「今日さあ、サッカーの練習中に5年生がオナラしたら、みんながけんこうてきだなあって言ったんだよ」。いいはなしだねぇ。

ソファにすわっている父にバスタオルをかけて、渓太「ここだけ、もっこりしてるなあ」と、父のチンチンをつっつく。渓太「ここは、マッキンリーだな」まさか……。渓太の幼稚園のころのアラスカ旅行、思い出すねぇ。

ここ数日食欲のない渓太の体温を測ると38・2度、父「やっと風邪をひいてやすめるネ」渓太「座薬しなくてもいいしね」と、にっこり。そして久しぶりに一日中ゆっくり寝ていた。渓太にはたまに軽い病気も必要だね。翌朝の体温36・4度、軽く朝食をとり、クルマで学校に送る途中、渓太が吐いたためUターンし自宅で静養させる。夕方には次第に元気になり、夕食後は「カラテに行く」と自分でカラテ着に着替え、上には父の背広を羽織って、「今からしゅっちょうだ」弟「クアラルンプールに3年」渓太「南公園の砂場だ」（出張先にしては……？）。

父「おつまみにチーズ持ってきてー」母「渓太君、ピのつくチーズ知ってる？」渓太「えぞまんどピエール？」。ありそうななさそうな、ふしぎな名前。渓太「おとうさん、チーズでさあ、ワイチェダーとカマンピエールどっちがすき？　……メゾンガピエール？」。渓太の様々なことばの変化は、その場をほっこりさせる。渓太はチーズも大好き（実在するのはふらのワイン○ェダーとカマン○ール）。

7月1日〜28日　【満9〜10歳】

母「今年の夏休みには絶対に絵を1枚描くんだよ。渓太君は才能あるんだから」渓太「だから、かかない。のうあるタカはつめをかくすんだから……」。不真面目なんか、謙虚なんか？

27日・土、渓太満10歳誕生日。

8月1日〜19日

母が親類の電話番号を調べてる。父「104にかけて聞いたら？」渓太「それでは電話きんかかるしょ」母「きんでなくて、ちん、なんですけど」。似たような、もん、だけど、ちょっと、へん。

5日〜9日、母のいとこが千葉より来富し、家族といっしょに5人で道東方面をキャンプ旅行。車中およびテント泊。足寄町経由でオンネトー国設野営場泊、阿寒・摩周を経て網走湖畔呼人浦キャンプ場泊、網走監獄・流氷科学館を経て層雲峡青少年旅行村バンガロー泊の大旅行でした。

おやつの時間に、渓太「かあさんもおかしをもっと食べて、大きくなりなさい」母「……?わたしはもう胸もおしりも大きいよ」渓太「もっと、心を、大きくしなさい」母「あーあ、子どもには言われたくないよ」。

2学期始業の日、母「りきくんがんばってるのに、担任の先生がなん教科か、りきくんの学習意欲が足りないって書いてあるよ。へんだよねえ、先生見る目がないんでないの?」渓太「それが親バカって言うもんだ」。弟がおこると、渓太「お前に言ったんじゃないからいいしょ」。渓太は、母こそ〝親バカでなく、自分の息子をもっとよく見て〟と、言っている。親に対しても、時にきびしく、時にやさしく……おさないが、おとなの心。

9月4日〜25日　【10歳1か月】

母「渓太君がいると部屋が汚れる」渓太「やすおかあさみがいると食料が大量になくなる」。渓太が牛乳パックを見ながら、「これ、おとべっぷちょうってよむんでしょ」父「音更(おとふけ)町」渓太「そこのチームと戦って勝ったんだよ」(音更の更を便のべ、と読んでしまう)。弟「クイズでーす。〝さ〟のつくものは?」渓太「……?」弟「さるかにかっせん」弟「〝わ〟のつくものは?」渓太「ワジソンとエジソン」。えーっ!?

9月30日〜10月15日　【10歳2か月】

渓太が作家つかこうへいの略歴をみて、「直本しょう、とったんでしょ」母「?、直木賞でしょ」。渓太がクレヨンしんちゃんの本を持ってきて「ここに直本しょうって書いてあるよ」。

弟「おとうさん、たんじょうプレゼントなにがいい?」渓太「水彩絵の具、油絵?」父「うん、でも2万円くらいするよ」渓太「うん!」弟「ちょっと、高いもなあ」渓太「お世話になってるしょ!」。お世話してるつもりはぜんぜんないけど……。弟「うん、しかたないなあ」渓太と弟「1万円ずつ貯金おろせばいいか」。断られると思ったが、なみだが出るような返事。我が家の経済はいつも汲々としている。いまは盛りのキリギリスの気分で支出はザル? に近い。渓太に「うちは家は大きいのに、びんぼうってどういうこと?」と、不審がられる状況にあった。父はたまに本やCDを買い、近場の登山やスケッチを楽しむ程度で、好きな絵は退職後にと先延ばしししていた。といっても、小遣いの不自由さよりも、子どもやまわりの人たちとの遊びや交流を、よろこびたのしんでいたのも父であった。そこに思ってもみないふたりの提案にうれしさが揺れる。

カラテ帰りの車中で父「君たちほんもののお芝居見れていいなあ」渓太と弟「……?」父「今度、札幌に行くしょ」渓太「でもぼくたちにとっては、おとうさんにとってのゴジラ映画とおんなじ」父「どういうこと?」渓太「きっと、眠ってしまうっていうこと」弟「おとうさんにとってのドラえもんといっしょかもしれない」。渓太と弟の例え話に、なるほどぉ。母「見てみないと分からないと思うけど……」。

渓太「人できこりをきるんだよ」父と弟大笑い。渓太「ちがった、木できこりをきるんだ」さらに大笑い。渓太「木で、人をきるんだ……」と、あせりまくり。

渓太「体育の日ぐらいは一日ゆっくりねてる」。いつもは、カラテ、サッカー、弟とのたたかい、たまに登山とほとんど毎日が体育の日の渓太、一日のんびりすごしてね。

父の誕生日プレゼントで母から家計の中から2万円渡された。母「みんなで節約してるから」渓太「おかあさんずるい」母「みんなのつぎあてのズボン、これを見てよ、この手作りズボン、これも、これも……」。父の誕生会はかんしゃをこめて回転ずしトピカルで、皆して飲み食べ放題、たくさんの皿が積みあがった。

12日、母、渓太、弟の3人、札幌芸術の森公演つかこうへい劇団『銀ちゃんが行く』観劇（父、クルマで送迎）。

母「みんながほめてくれると、おかあさんがんばれるんだけどな」。渓太が母のひざにすわって「おかあさんやせてるね」。母、大笑い。

10月19日〜30日　【10歳3か月】

小学校から、渓太が2時間目の授業中に急に顔が真っ青になって、保健室で休んでいる、との連絡で父が急ぎ迎えに行った。渓太を寝かせ睡眠不足の父も一緒にしばし就寝。渓太「おしっこ、それから奥の部屋（1階）で寝ていい?」父「いいよ、テレビ見るか?」渓太「いや……、少し見ていい?　だけどうるさいからなあ」弟「音を小さくしたらいいしょ」

渓太「あっ、そうか」。いつになく弱々しく、いたましい心地がする。いったいなんなんだろう？　母「渓太君、熱があるよ」……渓太「ぼくには、びじゅつの、美しいねつなんだ……、げいじゅつの、ねつがあるんだ……」とのつぶやきにびっくり。初めて聞くことばが父・母の胸に迫ってくる。この時、親が覚悟をきめていれば、渓太には自身の才能を花咲かせる別の道があったかもしれない。しかし優柔不断の親はその覚悟を決めるには弱すぎた。翌日、渓太が回復。昨日の症状はいったいなんだったのか？

渓太がビニールボールを抱きかかえていた。母「卵がかえる」弟「羽化」父「卵から幼虫がかえるのは孵化、蛹から蝶が出てくるのが羽化」母「りきくんが好きなのは理科」弟「おかあさんはバカ」渓太「おとこのくんしょうは？」父「……？」渓太「チンチン」と、両手でぶら下がってるマネ（すぐに話題転化）。

渓太「柏木医院のかんごふさんがねぇ、ぼくに〝まゆげが黒くて長くてかえてほしい〟だって」（渓太のまつ毛のこと）。

渓太「ぼくの机の前にルノアールの絵がはってあるよ、ゴージャン」。

渓太「ぐみちゃんねえ絵と俳句で、銀と銀だったんだよ。ぼくは俳句は銀で、絵は金だったんだよ」父と母「それはすごいしょ！」父「どんな俳句か教えてよ」渓太「〝本よむと心のアルバム　ふえてゆく〟」父母「いいねぇェ、いいねぇ」母「絵はどんなの？」渓太「きょねん金賞だった絵」。

11月3日　文化の日〜30日　【10歳4か月】

富良野市文化祭、渓太の描いた富良野神社の絵が、文化会館に展示。

父と部屋でふざけていた渓太が甘納豆を1個拾った。父「たべられるよ」。渓太がかじって食べた。「こうちょくしていた」父「……?」渓太「死後72時間たったら、こうちょくするって言うことさ」。単にかたいだけなのに、死後硬直に結びつけるなんて。

渓太が父に連続パンチをくり出し「おとうさんだったら、どうかわす?」父は渓太の手を内へ内へかわした。渓太「おとうさん、まだまだあまいな」父「じゃあ、父ちゃんの顔なめてみろ、あまいぞ」渓太「そういう意味じゃなくて、心のゆがみがあまいってことさ」父「……?」。

夕食時、渓太「おとうさんベーブ・ルースとかゲイ・ルーリックとか知ってる? くさなぎ球場で日本の沢村ってゆうピッチャー17歳で9人もアメリカの選手を三振にしたんだよ、すごいしょ。それで沢村賞って言う賞もあるんだよ」父「うーん、よく知ってるね、それで戦争に行って死んだんだよね」母「そう言う人は天才だ」弟「お兄ちゃんは秀才、努力の人、ぼくが天才」。

渓太「おとうさんアメリカの大学でむずかしいのどこ?」父「そうだな、ハーバードとかMITかな?」渓太と弟「プリンストンは?」父「うん、むずかしいな」渓太「ゆうくんは8才で小学校を卒業して、16才でプリンストン大学卒業したんだよ」。そんなすごいともだちがいたのか？　父「アメリカでは勉強で優秀な子は、どんどん先に進めるんだよ」渓太「でも、遊んだほうがいいんじゃない？　昔、日本はみんな江戸っ子だったんでしょ。てやんでぇ〜って遊んだんだよね」。ホントそうだねぇ、優秀な子はほんのひとにぎりだよねぇ。渓太「おとうさん、あんどうようじってゆう人ノーベル賞とったんだって」弟「ちがうよ、あんどうようじって、富良野小学校にいるよ。ようじってあんどうくんのにいちゃんだよ」。どこでごっちゃに？　そんなことがあったら、スゴイ‼

12月4日〜29日　【10歳5か月】

渓太「おとうさん、チェス知ってるしょ？　4年3組でしょうぞうがチャンピオンなんだけど、オレ2〜3回しかやったことないドシロートだけど、しょうぞうに勝ったさ。それにあきらにも勝ったんだよ」。渓太の鼻唄「べにばな油♪〜、はぁーあじィ、ものと〜♪」。

夕べはほとんど晩ごはん食べられなかったけど、今朝はもう学校にいけるほど元気に。渓太「おとうさん、英語で〝行ってきます〟ってなんて言うんだっけ？」父「はて、なんだっけ？」母「グッド　ラック？」即、渓太が父に「ハァーイ　グッド！　ラック！」。

弟が打った釘を母が抜けなくて、父が抜いた。渓太「おかあさん、かよわだが、ひよわか強いが、かよわ」母は強そうに見えるが……、渓太のことばは言い得て妙。さらに「おかあさん、かんじんな時にだめで、どうでもいい時に力を出す」母「渓太君の洞察力すごい、大統領になれるかも、それにリーダーシップがあれば」。母のお返しもこれまで……。

渓太が洗濯ものをたたむお手伝い、最後に母のパンストが残った。渓太「おかあさん、なんでこんなに小さいのはけるの?」。渓太が母の誕生日プレゼントで、自分で選んだエプロンを贈った。母の誕生およびクリスマスパーティ。

28日、ふらのスキースポーツ少年団初日。

1997年1月1日㊌〜26日㊐

テレビコマーシャルに女優の〝松たか子〟が出ている。渓太「松たか子のおとうさん、松四郎だよ」父・母「……?」松たか子のお父さんだからって、松本幸四郎を松四郎だなんて。

父がソファに座って、床座りの渓太の肩に足をかけてブリッジを作り、弟がその上に乗った。父「さすが渓太はつよいなあ」渓太「おかあさんは乗らないでよ」(弟:30キロ、母:まぼろしキロ)。

富良野地区子ども会育成協議会主催オセロゲーム大会、小学3・4年生の部で渓太が優勝。

漢字しりとり、渓太「末広町→町民期間活動→動物→物理→理事長……」母「町民期間活動なんて聞いたことないしょ? 渓太君、新聞に出てたって言うんだから」。

母「書きぞめは、初日の出って書いた子が多かったみたい」父「クリスマスイブとかお年玉とか層雲峡温泉て書けばよかったしょ」弟は「あーあ」と、ため息ついてから「おとうさん、なに言ってるの?」渓太「そうおんきょう、って書いたらはみ出しちゃうしょ」と、のってくる。

渓太が小学校の掃除用具箱の上から落ちて、上くちびるを切り、右ひじの打撲。くちびるの出血も止まり、帰宅後は大したことはなさそうだったが……、午前1時突然大量に吐き、それから2時間ごとの午前3時、5時と吐いた。さらに、朝暗いうちに階下に下りてトイレで吐いた。頭は打っていないようだったが、落ちた時の影響が心配され、病院行きも検討したが、それから落ち着いたようになってねむった。しかし、なにもなかったからいいものを、1月：マイナス10～20度にもなる厳寒期の深夜から早朝と言う状況にためらってしまった。病院の救急にかかるべきであった、と強く反省。

スキー少年団の今シーズン初めての記録会、渓太は4年生で1位。

1月27日～2月28日　【10歳6～7か月】

渓太「今、人質になってる事件あるしょ。ペルーのリマで、なんだっけ？」父「MRTA（ペルーの武装組織）」渓太「N・R・P・A、にぎやかに出てきなさーい！」（すみやかに、なんだけど）。さらに紛争中の弟に「おとなしく、出てきなさーい！」。

渓太「おかあさんとどっちが、うたうまいの？」母「だれと？」渓太「あむろなみえ」母「……？」渓太「じゃ、つきみありさ」母と弟「み・づ・き」母「まあ、自分じゃくらべられないわね」（聞く渓太も渓太だけど、答える母も母）。

ちょっと変わったあやしい音楽がラジオから流れている。渓太「家にどろぼうが入ってきたら、ちょうどいい音楽でしょ、テレビでもやってるよ。サンスペ？　サンペンス？　あっ、サスペンスだ」そんなのんきなこと……。

母「渓太君、ニヤニヤして帰って来たんだから」。バレンタインチョコをたくさんもらってきたが、相手、個数など不明。でも、学校にスキーズボンを忘れてきた。父「忘れ物取りに学校に送ってあげる。おだちんはチョコ1個でいいよ」渓太「……」。そして学校へ送迎して、父「チョコ1個ぐらいいいいでしょ。たくさん貰ったんだから」。渓太は食べかけの小さなチョコのかけらをよこした。父「それはいらない」と言うと、渓太は父に40円を出した。父「おカネはいらない」。数日中に自分ですべてのチョコを食べ切ったようだ。プレゼントした子は、渓太に食べてほしいから、親がなんといおうと、渓太はその子の気持ちを守ったと言うこと。あらためて渓太の気持ちの強さを思った。

弟の早口ことば「いたちむすめ、たぬきむすめ、きつねむすめ」渓太「いたちむさめ、……」。即、アウト。

朝、渓太「おとうさん、M聖子ビルボードで36位になったんだって」弟「なんのこと?」父「ビルボードってアメリカ音楽の順位をきめる音楽雑誌のこと」渓太「うん、ビートルズは4曲続けて1位になったんだって」。ビルボードからビートルズまで、豊富だねえ。

午後から渓太は早退、母「学校で体育だけはしてきたみたい」。弟が長く休んだのを羨ましがっていた渓太。父「渓太君、病気になれてよかったね」。渓太はニッコリ。そのあと、弟と互いに「仮病だ」と言い合い、追っかけっこしてる。母「渓太君も元気だったらおフロにはいってもいいよ」父「よし、渓太おフロにはいるぞ」渓太「ぼくはカゼなんだ、びょう人にたいするいたわりがないなあー」。

3月1日～31日　【10歳8か月】

渓太「おじいちゃん、おとうさんににてきた。あっちがうか、おとうさんがおじいちゃんににてきた」父「とうちゃんもじじいになったと言うことか」渓太「ちがうよ、かおの体型がにてきたと言うこと」。なるほど、顔の体型か?

渓太、基礎スキー検定1級合格。

渓太「おとうさんとおかあさんとりきの3人、たいわんでまいごになったら、おいて行くからね」(真っ先に迷子になるのは渓太) 渓太「それでタイワンにいつ行くの?」母「タイですよ」渓太「タイの港だからたいわんでしょ」(港湾)。しばらくして、渓太「カンコクにいつ行くの?」母「タイのバンコクです」。

渓太が交換日記グループのメンバー4人で、映画ドラえもんへ。午前のスキー少年団最終記録会は欠席だが、午後はサッカー少年団の卒団式の予定があるので、渓太を迎えに行った。後で聞いたところでは映画のあと、ともかちゃん宅でピザを食べる予定だったとか、母「渓太君なんにも言わないんだから」。ふたりのじゃまをしてしまった。

朝から富良野中心市街地で火事。くつ、かばん、衣類を扱う市内では大きな店が全焼、そこの若主人が遺体で発見された。渓太と同級生の子の父だった。渓太「たいとくんのおとうさん、死んで、しまったんだね……、かわいそう……」。渓太の目はなみだでうるんでいる……。

27日、午後7時10分、自宅玄関前からホテルナトゥールヴァルトの尖塔の真上、世界中で大評判のヘールボップ彗星（4月1日、地球に最接近）がはっきり見える。天文学の計算では今から2400年前、日本が縄文から弥生時代に移るころに地球に接近しており、次は今から2400年後つまり西暦4400年ころにまた地球にやってくるそうだ。その桁外れの周期性を包み込む宇宙の壮大さに驚かされると同時に、それが計算でわかるという人の知恵の深さもなんともスゴイ、まさに夢見るような気分。渓太と弟はその思いをもって、小さな地球のたくさんの多種多様な命にどんな夢を見るのか、4日後にタイへ。

3月31日・月〜4月4日・金、家族してタイ旅行。

5

小学5年

「じがくのてつじんて言われてる」（自主学習の鉄人）初の複数デート

1997年4月6日〜27日　【10歳9か月】

渓太は小さいころからのボールけりから始まり、サッカーへと一直線。途中変更はありえないけど、父「サッカーはしょっちゅう試合で週末の度に道内のあちこち行かなきゃなんないから、野球はどう？」渓太「野球は見るのはいいけど、やるのはサッカーの方がおもしろい」父「わかった」渓太「おとうさん、ふてくされてる」。聞くまでもなかったが、念のためちょっとたしかめてみたんだよ。

ジャイアントスラローム大会
富良野スキー場

渓太にベッドを購入し、いよいよ今晩から2階でひとり寝の予定。しかし父が1階で自分の布団を敷くと、渓太がすぐに布団

無題（レンガ倉庫）　小学5年
水彩絵具　54×38cm

に入ってきた。まもなく弟もやってきて、ひとつの布団に翌朝まで3人で寝た。

父が自宅テラスで大工工事中に、誤って電動丸鋸で右手親指の付け根を切った。筋が切れて指が動かないのを確認し、タオルで止血して車で協会病院へ。緊急手術で筋を2本縫合、13針縫って固定する。テラスの血痕に気づいた母の迎えで帰宅後、渓太はなにも言わずに、なにかと気使ってくれる。ふとんの上げ下げ、軽い庭仕事などなど……。その姿は頼もしくまぶしい。いつの間にこんなにと、右手を使えない父はじんわりあたたかくなる。たまにはケガもいいかな、とは思わないが……。

渓太が同級生のしゅうと君と長い上り坂のある麓郷まで約40キロのサイクリングに挑戦。渓太「途中ですしまる君のおとうさんに会ったさ」。名前に〝寿〟の字が入ってるからって、すしまるはないよねぇ。おとうさんは喫茶店〝唯我独尊〟の名物オーナー。

5月1日～25日【10歳10か月】

渓太「ねえねえ、アイキューってなに？」父「ハイ○ューなら知ってるけど」弟「オレなんか生まれつき才能がない」父「りきくんが才能ないいんだったら、この世の中に才能ある人いなくなっちゃうしょ」渓太「それがいるんだよ。ノーベル賞もらった人の血だかせいしだかとって、子どもにうえつけると、ゆうしゅうな子になるんだよ」。えっ⁉

17日は旭川で生協杯サッカー、翌日は旭川地区空手道選手権大会。

父が〝はじめてのガーデニング〟という園芸雑誌を読んでいたら、渓太「はじめてのカ・ン・ニ・ン・グ」父と弟「……?」。

24日は家庭菜園の植え付け手伝い、25日は朝から旭川でサッカーの練習試合。

6月1日〜28日　【10歳11か月】

運動会の振替休日の朝、父「ごはんですよー」と呼んでも2階から下りてこない。寒い部屋で2日分の家庭学習と日記に熱中、足はこごえて紫色になり、鳥肌たっていても一心不乱。

弟「お兄ちゃん、いつもハブラシをくわえたまま別のことをする。今もしんぶん読んでる」渓太「オレ、トイレにハブラシを落っことしたことがある」父「えーっ?」渓太「きれいに水であらったからいいもん」母「せっけんと言わないところが渓太流の哲学なのだ。君はぜったいO‐157にも負けないと思う」。

弟がポットから麦茶をいきおいよく入れすぎて、こぼしてしまった。弟「いきなり、アクシデント」渓太「ポ〇デント」。なんだそれ?

21日は旭川で道新杯サッカー、22日は滝川でサッカー練習試合3ゲーム。

7月1日㊋〜30日㊌　【満11歳】

サッカー北海道予選で旭川へ。1回戦は勝利、2回戦で敗退。

19〜20日、サッカーの合間をぬって、父と初のふたりのドライブ（1泊2日車中泊）で日高方面へ。学校から帰宅後、すぐに出発。門別ケンタッキーファームでパットゴルフ、アーチェリー、乗馬。そして日高路に入り、静内温泉で入浴、食事して海浜公園で車中泊。渓太も父も、どこでもすぐにぐっすり寝られる。翌朝、車内で渓太はカップラーメン、父はカップ焼きそば。襟裳岬近くのアポイ岳登山（810M）、独立峰で高山植物の宝庫、固有品種もたくさんある。父が走って下りたら、渓太「わかいなぁ」。小学生に言われるとは。下山後、アポイ公園でミニゴルフ、ゴーカート。そして様似町の海へ、強烈に冷たい。父はパス、渓太ひとり泳ぐ。さすがに千島方面からの親潮、ほかにだれも泳いでいない。海水浴場のカンバンがあるのに。新冠町の道の駅『レ・コード館』で母と弟への土産買って帰る。

渓太の満11歳誕生パーティー。

26〜27日、第3回アメニティカップ砂川。家族で応援も、全道16チーム中最下位。

8月2日㊏〜31日㊐　【11歳1か月】

上富良野神社祭協賛サッカー大会、2試合2連勝。

全日本剛柔流空手全国大会（仙台市）へ。母の付き添いで渓太と弟参加。

渓太、作ったばかりのカラテ用マウスピースを口にはめながら、「オレの歯大きくなって、はまらなくなった」。急に？　そんなばかな！　弟が自分のマウスピースケースを開けると、弟「これオレのじゃない」。まちがえて入れたらしい、だれが?

15日～16日、母ドタキャンで、父と渓太と弟の3人で日本海側へキャンプ旅行。当別町道民の森で遊んでから、神居尻山登山。増毛町オートキャンプ場で車中泊。翌日はキャンプ場でパークゴルフ、前半は弟が1位、後半は渓太が盛り返し総合で1位。留萌に移動し、海で泳ぐが渓太がクラゲにあごをさされた。砂浜で互いに身体を砂にすっぽり埋め、目ぼしい所に砂やら昆布やら木片を盛っていたずら、上品でない遊び。親の前でやるなんて。

旭川J・イーグルス杯サッカー。1勝1敗。どしゃ降りの雨の中、チーム全員よく走った。

渓太がサッカー練習から帰ってきて玄関に入るなり、大粒の涙をこぼした。母「えっ、なに!　交通事故?　だれかにいじめられたの?」渓太「ぼく、いっしょうけんめいやってるのに、みんなしてぼけ安、ぼけ安って」。弟が指でお兄ちゃんのなみだをふきながら、「やすき(弟の同級生でレギュラー)も、そう言ってたの?」。渓太は首を横に振った。監督も親もいない練習で、渓太はセンターで攻撃と守備のつなぎ役をしていた。母はすぐに「監督に電話する」。それを抑える。渓太は家族に話したことで、落ち着いたようだ。翌日はカラテの稽古、翌々日はためらう風もなくサッカーの練習へ。帰宅後は特にかわったようすもない。チームが基本のサッカーでは渓太のひたむきさは伝わると思うし、渓太もいつまでも〝ぼけ安〟にこだわっていない。練習の中で解消するしかない。渓太にとって初めてのイジメ(?)体験だが、親にとっても貴重な経験であった。

夕食中、渓太「オレねえ、じがくのてつじんて言われてる」（自主学習の鉄人、それはスゴイ！）。

9月1日〜23日

脂肪計付き体重計で、渓太「ぼく4％、おとうさんは？」父「量るから、持ってきて」渓太「おかあさんを、はかりたーい」。父が量ると体重67・6キロ、脂肪21％。渓太「おーっ！ひひまんだ」⁉

渓太が男子3人、女子3人ではじめて旭川へ。人口30数万人の北海道第二の都市で富良野からはJRで約1時間半。クルマでは頻繁に行くが、JRの車窓から見る景色は心に映ったか。旅人ではないから、富良野・美瑛の美しい景色も普通の丘、山なみ、木、川、とんがり屋根にすぎないのかもしれない。将来、この地を離れることがあっても、ふつうの風景として、心にきざみこまれていると思う。ともだち6人で心うきうきおしゃべり、いまでこその無邪気な笑顔が浮かぶ。この日、渓太はめずらしくサッカー練習を休んだ。児童から少年への脱皮の時、息抜きと言うより、ともだちとの触れ合いや新しい経験も成長には欠かせないことと思われる。

渓太が昨日に続き、サッカー練習を休んだ。今週末には新人戦がある大事な時期であり、父に叱られる。なにがあったのか、言い訳もしない渓太に少々不安になる。あけっぴろげで、おしゃべりで、うらおもてのない渓太にも身体的、精神的に変化の兆しがきているのかもしれない。

全道少年サッカー新人戦、旭川地区予選。結果は惨敗、でも力を出し切った。汗と汚れでよくわかる。

父と渓太と弟の3人で十勝岳（2077メートル）登山。望岳台発7：45〜山頂着10：45、発11：25〜着13：40　渓太も弟もまるで平地を歩くようにほとんど息を上げない。父は遅れないようについていくのがやっと。白金温泉でいっぷく。

父と渓太の筋肉談義、父「筋肉が堅くなると、締め付けて骨が伸びづらくなるんだよ、スキー選手は小さい選手が多いよ」渓太「でもトンバは大きいしょ。黒人やバスケット選手は大きいし」渓太はトンバの実物を見ている。父「そうだね、一概に言えないかもね、渓太は大きくなるね」渓太「でもマルソン?」父「?」渓太「ほら、マラサン」父「マラソンでしょ?」。マラソン選手は小柄が多いか?

9月24日〜10月18日【11歳2か月】

渓太が新聞のスポーツ欄をみながら、「おとうさんおとうさん、北大の野球、かってるしょ、すごいしょ」父「……」渓太「おとうさん、野球やってたわけでないから、関係ないか」。なんとなく、つめたい……。

朝食の納豆を渓太がごはんにかけたが、少し容器に残っていたので、父が渓太のご飯にかけてやると、渓太「もういいよ」。さらうのをやめると、渓太「まだ、のこってる」。父「それなら、自分でかけて」弟「お兄ちゃん、はんこうきなんだ」。そうかわかるよ、みんな通ってきた道だから。でも渓太と弟、年子のふたりいっぺんに反抗期でなくてよかった。弟が父のフォローしてくれる。弟が反抗期にはいったら、渓太はフォローしてくれるかな？

父「渓太君、背大きくなったなあ」と、渓太と背比べをしようとしたら、渓太「やめてやー！」父「あらァ、ことわられてしまった」弟「とうさん、ショック」。

弟の学級通信、〝10歳の壁について『自分と言う人間が見えてきて、様々な限界を認識する。この時期を教育者はそう言っている』〟。渓太「10才のかべをこえられなくても、11才になれるよ」。迷言？

富良野小学校学芸会。5年生の出し物〝おいしいおにぎりのできるまで〟渓太はレポーター役で大きな声で、「現場からお伝えしたのは、渓太と」みこ「みこです」。

渓太「おとうさんおかあさん、自分たちがフロに入らない時は〝ごめんね〟とか〝明日はぜったい入る〟とか言って、ぜったいに入らないんだから、ごうじょうなんだから」。反抗期？　正論？　今後、入浴は本人に任せることにしよう。

午後上富良野小とサッカー練習試合。雨の中、1分け1敗。

旭川東ライオンズ杯サッカー大会、試合は3連敗。

夕食たべながら、渓太「今日ねえ、だいきとはるなケンカしたんだよ。はるなが〝あたまでっかちの出目金〟って言ったら、だいきが〝ぜいにく〟って」母「からだのことを言うのはよくないよ」父「ケンカならどんなことでも言ってしまうさ。それでよけい悪くなるけどね」渓太「ちわげんかって言うんだよねえ」母「それは大人の男と女のケンカ」。〝痴話〟ってどうして知ってる、小学生でちわ？

みんな長袖長ズボンにジャンバーを羽織って自転車通学なのに、渓太ひとり半ズボンTシャツ。それでか、ふらふらになってやっとうちに帰ってきた。体温36・9度。父が帰宅すると、渓太はソファに横になり、弟が氷のうを渓太の頭に当てている。父「渓太くん病気になれてよかったね、しっかり治そうね」。渓太ニッコリ。夜には37・8度、翌朝には弟の看病もあって熱は下がる。寒さに強い、と安心はできない。

10月20日〜11月5日　【11歳3か月】

渓太「今日、しょうぎクラブで4勝0敗だった」父「そう、それはすごいね。さすが渓太くん勝負強いねえ」母「それは勝負強いでなくて、頭がいいと言うことでしょ」弟「それは将来が心配と言うことでしょ」父「どうして?」弟「勝負強いってギャンブルにマージャンと言うことでしょ」母「りきくんのほうが心配でしょ。エッチクラブに入って」(スケッチクラブです)。

今週、サッカー練習とカラテの稽古が重なった。ほかの平日も、昼はサッカー、夜はカラテ、週末は大会と小学生にとって負担が大きい。それでカラテの退会を渓太に提案した。しかし、渓太は晩ごはんを拒絶。渓太は涙を浮かべながら訴える。「カラテやりたい、カラテやる……自分で歩いて、行く」。親のクルマの送迎なしではスポーツセンターでの稽古や大会に通うことは困難。それでも、やると言う覚悟に「わかった」と、親は折れた。渓太が父にすがって「ありがとう……」って、泣いた。お礼を言われるどころか、幼稚園からこれまでひたむきに稽古してきた渓太の努力の積み重ねを台無しにするところであった。一方的な親の考えで渓太をかなしませてしまい、後悔でいっぱい……。親の方こそ渓太のひたむきさを学ぶべきかもしれない。

旭川でフットサル大会へ（父と渓太）。帰りにトイザらスに寄り、おひとり1個限定のハイ○ーヨーヨー1900円を買う。渓太の小遣いから千円、親から900円。モノは子どもの小遣いで買わせるが、足りない時や高い場合は補充する。この方が後々モノを大事にするようだ。

渓太、父の帰宅後すぐに「ねえねえ、おとうさんぼくねえ6年生から楽器を受けとるんだよ、クラスのはんちょうになったさ」父「班長？」弟「リーダーだよ、変なことを言うんだから」渓太「6年生が〝がんばってください〟って言うから、5年生が〝おつかれさまでした〟って言うの、その係」。

ふらのFCと帯広森の里少年団が足寄町の道立少年自然の家、ネイパルあしょろで合同合宿。母と弟も同行。W杯アジア予選日本対韓国で渓太2－0で日本勝利の予想を的中させる。

渓太「ゆうべ、おかあさんに背中押してもらったら、ぐっすりねむれた」母「ほめられたからまたおしてあげようかな。おとうさんとりきくんは、こそばゆいって言うし」。

11月8日～26日

母「渓太君調子悪いんだって、火曜日になると体調悪くなるんだから」弟「まぶたが奥二重にくっきりなってる」父「二重でなく、3重4重にも、よぶたえ？」弟「よんだん腹」渓太は調子悪いのに、「この人だ」と、母の方を見た。母「……」。

父「渓ちゃんおはよう、今日学校あるんでしょ、遅れるよ」渓太「……」（ふとんの中で身じろぎもせず）父「渓ちゃんおはよう、もう7時だよ」渓太「うっるせーなー！」。

3連休の最後の夜、フロに入って午後9時過ぎ、渓太はそろそろ眠いけど、弟はまだ。渓太は一度は寝に2階に上がったものの、ひとりじゃさびしい。また、下に下りてきてしばしヨーヨー。と、突然渓太「りき！　なんで寝ないのよ、アンタ―！」。父・母は大笑い、母「平生、渓太君が言われてることをりきに言って」サッカー合宿でも10秒でねてしまったのに、めずらしいこと。

11月27日～12月25日　**【11歳4か月】**

もらいものの大きな梨の皮を父がむく。渓太「おとうさん、まじかるしたいしょ」父「うん？」渓太「まるかじり」（父の気持ちをしってる）。グルメの渓太「普通のよりちょっと味おちるけど、おいしいねっ！」。

午前2時半、渓太「さむい、さむい」と、言いながら母の布団に入ってきて、しばらくふるえていたが、まもなく嘔吐。ふたたび寝たが、念のためその日学校を休ませる。父が帰宅後様子を聞くと、母「なんも、朝食べなかっただけで、あとはふつう、元気、元気」。

母「渓太君のカバン、中がごちゃごちゃのゴミ箱になってるよ」渓太「きちんと入ってるよ」弟「おにいちゃんのランドセルにきのう、はたしじょう、入ってたんだよ」えっ？

テレビを見ていた渓太が突然「あれ、あの、だれだったっけ？　あそこにうつってるの？きげき王ペルチャン？」父「ああ、チャップリンだ」。ボクシング観戦では、「アパッカ？、アッパーガード？　なんだっけ？」父「アッパーカット」。父の解説付きでテレビ観賞。

朝、渓太が父の寝床に潜り込んできた。父「渓太君今日から冬休みでいいね。サッカーはもう1回やるだけだし、カラテも冬休みだし」渓太「でも、スキーがよみがえる。復活するんだよ」。渓太のことばはとってもいい。自然と元気がよみがえり、復活する。

渓太「今日は、しぎょうしきだぁ。校長先生の話、長ーいよっ」（しゅうぎょうしき）。

渓太「ことわざかきぞめするんだ、わらうかどには……」母「ふくきたる」渓太「ふしんじっこう」父・母・弟「……？」母「不言実行だ、不信実行とちがう」。

1998年1月1日㈭　元旦〜31日㈯　【11歳5か月】

渓太「さかいってゆう人すごいよね」（テレビ新春かくし芸大会で堺正章の帽子を回す芸）父「本業は歌手で芸は練習して上手になるんだよ」渓太「なんてグループ？　おーどーりにい

こうよ、バンバンバババババアー」ザ・スパイダース。かくし芸を見た影響か？　夜中まで父の帽子を渓太と弟が投げ合って頭で受けるゲームを延々とくりかえしていた。

渓太「みんなで鍋物たべると、会話がはずむんだって」父「よく知ってるなあ、どこで聞いた？」渓太「テレビの、だいじてん」母「鍋物の話のあと、渓太君小さな声でなんて言ったと思う？〝うちはちがうけどね〟だって」父「……」。

午後10時、渓太と弟がいつまでもさわいでいる。渓太が弟に向かって「ししょう、お前はなにかかんちがいしてる。サッカーは情熱だ！」。

4日、洞爺湖温泉パークホテル天翔へ。母「カセットテープ持って行くよ」渓太「ザラボーンだ」母「サラボーンでしょ」。よく見るとビリーボーンだった。渓太がホテル天翔のくじで5等のカステラを選んできた。渓太「カステラはなんとかとらい、ナンバトライからやってきたんだよ」。

渓太「映画の『インディペンデンス・デイ』、なにかの賞とったんだよ」母「きっとアカデミー賞」渓太「カントクがアカデミー賞とったんだ」父「アカデミー賞には監督賞とか脚本、主演男優、主演女優、音楽とかいろいろあるんだよ」渓太「ゆうびんきょくちょう賞とか、なおもと賞とかよりもっとすごい？」（渓太は絵で郵便局長賞をもらった）。

渓太「おとうさんのとこに、しんぴな楽器いっぱいある。ハーモニカどうやってふくの？それからホーホーと言う楽器なんだっけ？」父「オカリナだ」。神秘な楽器っていいなあ。

渓太、午前はスキー少年団、午後は父と渓太と弟の3人で外遊び。それで父は冷え切った。スキーズボンを脱いだ渓太の身体に触って、父「あー、あったけえ！」渓太「ぼくをカイロにするな。カイロは67度もあるんだぞ」。

スキー少年団の記録会。渓太は5年生ではトップ、6年生を含めた総合では100分の1秒差で2位。記録上位者は強化組が多いが、渓太はサッカーやカラテもあるし、費用もかさむから入っていない。

1月31日〜2月26日　【11歳6か月】

渓太は月曜に学校に行くが、3時間目が終わってから、先生に〝熱がある〟と帰されてしまった。ひとりでタクシーに乗って帰宅して、ソファで横になっている。夕食後に弟が渓太にちょっかいを出す。渓太「いやあ、ぼく、けが人なのに……」。あまり大病しない渓太、つい自分をけが人と言ってしまった。

2月7日〜22日：冬季オリンピック長野大会開幕中に少年スキー大会。富良野スキー場ジャイアントコースで旭川や名寄の強豪選手にまじって、堂々の7位入賞と大健闘。晴れがましい渓太がうれしい。

渓太と弟、テレビチャンネルのうばいあい（渓太はオリンピック、弟はめちゃ×2イケテル）。どちらかがビデオ録画すればいいのに、けとばしたりたたいたりでどちらも頑として譲らない。10分交代にしたら、その時間でもめる。渓太「オリンピックは今しか見れないしょ」弟

「またあとでうつるしょ」父「そんなにもめるんなら両方ダメ」結局、渓太があきらめて2階の小さなテレビへ。渓太「おとうさん、オレ夏に高校野球ずっと見てたしょ？　それで、りきがオレのよわみにして、今はテレビ見せてくれないんだから」。そうか、夏の恨みを冬に果たされてしまったか。

午前はスキー少年団記録会。家族でハイランドふらので昼食。渓太はカツ丼セット、食後は温泉に入って、それから体育館でバドミントンでしばし遊ぶ。さらに渓太は午後4時から中学生とサッカーの練習試合、いつも目いっぱい忙しい。

朝、歯をみがきながら、渓太「あっ、今日たんしゅく4時間だ。目いっぱい遊べる」父「いつも遊んでるのに」母「今日は、目いっぱい、だから」。

母「渓太君、大人のスキー検定1級受けられるかどうか、先生に聞いてごらん」弟「お兄ちゃん、スキーの先生になったら、教えるのへただべなー、このうではこうしてとかちょっとだけしゃべって」母「そうでもないかもよ、渓太君に教えてもらえるって言うだけで満杯になるかもよ」。

渓太が自分の貯金を3万円おろしてスノーボードセットを購入、板と留め具と靴で3万5千円（超過分は家計から支出）。

2月27日〜3月25日　【11歳7か月】

父が帰宅すると、渓太が自分のベッドにもぐりこんでいる。初めてスノボをやって、自分のイメージと違って散々だったらしい。そのショックのためだった。父「渓太君なら、昨日より今日、今日より明日って上達するのがわかるよ。だからめげないでがんばって」。2日目は、昼間はひとりで、夜も弟とスキー場へ出かけて行った。あきらめない渓太の本領発揮。

弟の誕生日に自分の小遣いでゲーム○ーイソフト（人生ゲーム）を買って、弟にプレゼント。父が新聞の懸賞クイズではがきを8枚書いた。弟「今日、必ずポストに入れてよ」父「りきもあたるようにお祈りしてよ。日本中から何百万枚もはがきが集まるんだから」。それを聞いた渓太「なんという欲張りな日本人なんだ。その内のひとりがとうさんと言うことがなさけない」。キビシー、自分がみみっちく思われてしまう、実際そうなんだけど……。

渓太「オレの誕生プレゼントをりきには電動歯ブラシ、1万円ぐらいの買ってもらう。おとうさんにはア○ガード700円ぐらいを買ってもらう」弟「いやだ、そんな高いの。お兄ちゃんだってゲーム○ーイソフト3500円ぐらいだったしょ」渓太「安いのあるよ。4500円ぐらいで」。1万円から4500円にさげたり、……ひょっとして、親の甘さを折り込んで、要望相手は逆か？

渓太「とうふのかどに頭ぶつけて死ぬ人、変な人だよねえ」。そこに気づいた君も変な子どもだねぇ。

ナイタースキーで初めて渓太のスノーボードを見る。自己流で始めてまだ5回目とは、とても思えないほどスムーズにすべっている。上達がとっても早い。弟の作文に〝兄が自分の貯金でスノボを買い、上達が早い〟って書いていた。

3月26日〜4月2日【11歳8か月】

渓太と弟ふたりだけで父の実家の名古屋へ。父の母と弟の案内で名古屋を楽しむ。映画『タイタニック』、Jリーグサッカー名古屋グランパス対横浜フリューゲルス観戦、プロ野球オープン戦中日対オリックス観戦（イチローがホームランを打った）、名古屋テレビ塔、名古屋城（富良野と違い一斉に咲くソメイヨシノと金シャチに感激）、東山動物園で本物のコアラを初めて見た。祖母の手料理を満喫した結果、この間に顔も体も丸くなっていた。出迎えた旭川空港で父・母はとても驚いた。

6
小学6年
「おれなら60億円あったら、ユニセフにきすする」
カラテ1級（茶帯）

1998年4月2日㈭～29日㈬　【11歳9か月】

母と渓太と弟の3人で大ふざけ、母「あっ、あいてる」渓太「社会のマドが、あいてるー♪チャックのファスナー　ひとりであいたー♪」あせらずはなうた。渓太「おさないきれじにー♪　ひからびた～こうもんから出たァ♬　うんこになってざやくがでたー♪」弟、笑い転げて「おなかが、い、た～い……」。

渓太は自学の鉄人だけあって、すでに家庭学習済み。カラテから帰ってきて、渓太と弟のふたりしてフロに入ってからテレビ。家庭学習の終わっていない弟のため、テレビを消した。母「渓太君しんぼうしなさい

「自分のかお」小学6年
版画　54×38cm

ね」渓太が弟に向かって「きみは、あっちに行って　頭を冷やしてきなさーい！」。

渓太「ほーくでん、がくりょく♬　ぞーしんかいっ♪」弟「ほーくれん、がくりょく、ぞーしんかいっ」父・母「えっ？　北大でないの？　北大学力増進会」渓太「ほくでんだよ、絶対、オレ自信あるもん。ほんとに、ほーくでん、がくりょく、ぞーしんかいっだよっ」。ほくでんは北海道電力だし、ほくれんはホクレン農業協同組合連合会だし……、母があたり。

5月5日～6月21日【11歳10か月】

5日子どもの日、家族ドライブ：十勝方面。

渓太「りきがトイレのカレンダーはずしたから、がびょうをトイレにおっことしてしまった。それで割りばしで取った。本当はサイバシ使おうとしたんだけど、だめだって」。

富良野小学校運動会終了後、渓太からの電話「友達ふたりうちに泊めていい？」「いいよ」。夕食後、友だち3人でおフロで遊び、上がってからは運動会の疲れか、しばらくしてから3人とも寝てしまった。翌日は友だちと弟を含めた4人で、裏の森の木の上に小屋づくり。お昼ご飯は母不在のため、自分たちで牛肉入りのチャーハンを作って食べた。片付けでガラスの小皿1枚割っただけでケガなしでよかった。そのあとは町にお出かけ。

渓太が体温を測っている。母「あれ、カゼで学校を休むことをおぼえたから」父「そうか、味しめたか？」渓太「……やっぱり35・3度か」しばらくしてまた、渓太が体温を測っていて、父「多分36・1度」渓太「おとうさん、あたった36・1度だ」母「いつもでしょ」渓太

「ちょっと熱っぽい」母「だれが？」。一刀両断。

第22回全道全日本剛柔流空手道選手権大会（東川町）。渓太〝セイインチン〟（型の名）に挑戦「ちょっとぐらついて、０・７ぐらい引かれてしまった」で7位入賞。組手は準決勝で釧路の強豪と対戦、優勢に進めていたが、渓太の蹴りが相手への打撃が強くて反則負けに。

北海道新聞杯サッカー。美瑛に敗退。

お昼ご飯、渓太がイモピーマンサラダを父に寄越して、渓太「おとうさんが長生きするように、ねがいをこめて、あげる」父「あまり健康にはよくなさそうだからいらない」弟「父の日（明日）に死ぬようにあげたんだよ。保険金を持ってどこかににげる」。だれが？

6月22日〜7月26日　【11歳11か月】

24日〜25日、富良野小学校修学旅行、札幌・小樽方面へ。小遣いを７０００円渡したけど３５００円残してきた。父には〝イカのウニあえ〟母には〝ハスカップのチョコ〟をありがとう。自分には……、母「自分のものも買ってくればよかったのにね」。

11日、全道少年サッカー旭川地区予選、敗退。

朝に宗次郎のＣＤ〝ＦＯＲＥＳＴ〟をかけていたら、渓太「ねえ、これだれの曲？　ゴンチチ？」。あまりメジャーでない曲にも興味をしめす。この年でゴンチチを知ってるとは？

キイチゴとハスカップのジャム作り。父は少々甘さ控えめに調整した。父「このジャムそんなに甘くないいしょ？」渓太「甘ったるいと果物の本来の味がわからないいしょ。果物の甘さを生かしたジャムがいいよねえ」と、ちがいのわかる大人の評価。

夢の国主催〝画用紙いっぱいの友情の絵コンテスト〟（全国公募）に渓太の絵が佳作入選、大阪南港ATCホール展示。招待券届くが行かれず。

朝、父が居間に行くと渓太がカーテンも開けないで、くらいところで新聞を読んでいる。父「渓太君カーテンぐらいあけなさい」渓太「きのうビール飲んだのだれ？　あと片付けぐらいしてよ」。テーブルには空き缶出しっぱなし。父「……」。

渓太少々体調不良だが学校へ。学年行事で山部自然公園太陽の里で宿泊キャンプ。帰ってきて、渓太「メッチャ、楽しかったさ。木登りして高いところに上がったけど、オレこわくなっておりられなくなった」。元気をとりもどして安心。

渓太の誕生パーティー、ブランドの霜降り牛肉で焼肉。

21日、カラテの昇級審査合格、2級から1級（茶帯）へ。

26日、サッカー大会。出場16チーム中、総合6位。

7月27日〜9月2日　【12歳1か月】

27日、渓太　満12歳誕生日。弟から誕生プレゼントもらう。ゴムボール500円、水鉄砲800円。親からのプレゼントは裏の森で、ツリーハウスを作るカスガイを買いたいと言うので、現金5000円。

8月8日〜10日、家族キャンプ：幌加内町、苫前町、羽幌町、岩見沢市。旭川経由で幌加内セイワ温泉ルオントで入浴と昼食（渓太と弟はステーキ）。そして苫前町夕日ヶ丘オートキャンプ場へ、ホワイトビーチで約2時間泳ぎ遊ぶ。夕食は手作りビーフシチューと途中で買った刺身と贅沢に。気づくと、夕日ヶ丘の名前そのままに夕焼けはオレンジ、橙、黄のゆらめきのグラデーション、夕陽は光彩を潔く日本海に引きずり込んでゆく。じっと見つめる内陸育ちの子どもたちは初めて見る海への落日に、ただ「すごいねぇ」のことばだけ。テントで4人で寝たが、少々窮屈。9日は羽幌町サンセットビーチに移動。整備された海水浴場は晴れだが少し風があり、海は冷たく鳥肌立てながら1日中遊んだり泳いだり。夜は焼き肉で、寝るのはテントが母、渓太、弟の3人、父ひとり車中泊で湯たんぽ用の子どもがいないので寒かった。10日、岩見沢の三井グリーンランドへ。渓太はほとんどの乗り物をクリア、極めつけはスカイバード。クレーンの先端（20Mあるか、渓太は豆粒の大きさ）から、バンジーあるいは空中ブランコか？　一気に飛び出す恐怖の乗り物、父なら間違いなく洩らしそう……。ちなみに料金は乗り放題券プラス千円。

午後9時、一度は寝に行った渓太が午後9時20分に再び居間に下りてきた。渓太「ね、られ、ない……」父・母「渓太君どうしたの?」。渓太にしてはめずらしいこと。でもソファに15分もいたら、いつの間にか横になって寝そうになっている。渓太「きょうは、とうさんとかあさんのあいだでねよ」。

第4回ラベンダーカップ。道内各地8チーム中ふらのFC：3位。

母「上富良野にはもう1チームあるんだって。強くて全道大会に行ってるらしいよ」渓太「そのチームとはまだ試合やったことない」父「きのうやった上富良野のチームと別の衣装なんか?」渓太・弟「いしょうだって……、ユニフォームって言うんだ」父「いいしょう」渓太・弟「……」。

午後から友達ふたりが遊びに来た。渓太「おとうさん、ゆうくんねえチンゲはえてるんだよ。これぐらい（と指で3㎝）、いっぱいはえるように自分でカミソリでそったんだって」。

9月3日㊍～30日㊌【12歳2か月】

渓太「先生がねえ、理科の魚のかいぼうの実験で3枚おろしにするんだって。おとうさんできる?」それって解剖って言うかなあ?

小学校最後の学芸会。スクールバンドで渓太はクラリネット。人間影絵〝お母さんの木〟（戦争反対を深く訴える作品）：息子7人を戦場に送り、負傷した5男がただひとり戦場から帰る。その5男がふるさとの我が家にもどり、老いた母をさがす……。渓太がナレーションとセリフを熱演。会場がしんとなり、あちこちでハンカチで目がしらをおさえ、すすり泣く声も……。

渓太「おとうさん、ロバート・デニロォって知ってる?」。俳優に興味?

渓太と父のふたりだけのこの日、「おとうさん、今日のテスト、理科と算数と漢字で3つとも100点だった」「今日サッカーで3人ぐらい抜いてゴールしたんだから」ふだんは渓太はあまり自慢しないが、この時は父をうれしがらせようとする気持ちがとてもうれしい。1年生をだっこした話も、友だちのチンゲの話も、100点もサッカーゴールも同じようにうれしくほほえましい。

渓太が南富良野町の友達の家に行った時のことをトイレ日記に長く書いた。

10月7日〜25日

母「渓太君大きくなったら、カラテと英語で世界中を回って、それを本に書いて生活するんだって、大学ぐらい行ってほしいんだけどな」。

体育の日、知人家族と東大演習林職員の案内でキノコ狩り。

渓太「おれなら60億円あったら、ユニセフにきすする」父と弟「えっ　キスする?」渓太「きふ、するんだって」。

父と渓太と弟の3人で旭川文化会館へ、沖縄〝残波大獅子太鼓〟コンサート。沖縄の風土が紡ぐ音色と響きと色彩に感動。子どもは初めての三線と沖縄のメロディに寝ることなく、食い入るように見入っている。沖縄の人々の争いのない島への強い願いが、平和な〝本土〟育ちの身にはせつなく響く。

母の送迎で、旭川のミニサッカー大会と足寄町での合宿を行ったり来たりの強行軍の中、32チーム中8位と健闘。

11月1日～29日　【12歳3～4か月】

弟が父の家計簿つけの手伝い。渓太「おとうさん、こういうの経理って言うんでしょ」。渓太「おとうさん、きん肉やってェ」父が腕の力こぶを作ると、「おとうさん、だれかのおとうさんよりきん肉ある」。

上川地区空手道ジュニア選手権大会。渓太の型：セーインチン（制引戦）で5位と気迫こもった演武。カゼのため型だけに参加。渓太「組手にも出たかった。ぜったい勝ってたのに」。渓太はいつも淡々としているのに、こう言うのはめずらしい。帰宅してから自宅にカラテの先生から電話。「旭川のほかの流派の先生が、渓太とりき、ふたりを見て〝ふたりとも力がある、すばらしい〟って、こういう電話もらったのははじめて。このままいけば将来、国体にふたりとも北海道代表として出られるぞ」父・母、ビックリ。

12月5日～31日　【12歳5か月】

富良野スキースポーツ少年団結団式、渓太が選手宣誓。

渓太と弟が、我が家の将棋名人戦。渓太「かった、かった」弟「おとうさん、しょうぎやろうよ！」渓太「りきはおとうさんのプライドを汚したいからだ」。父はふたりに将棋で勝てなくなって、プライドは傷ついて……も、いないか？　渓太と弟の将棋戦は最近また渓太が力を盛り返して、弟は渓太に簡単には勝てなくなった。学校の将棋クラブで、渓太「おとうさん、オレ今日3連勝した」父「それはすごいねえ。それで何勝何敗？」渓太「3勝4

敗」。そうか4連敗してから3連勝か、将棋クラブ員でもないのにすごいね！　渓太の友達が4人、町から遊びに来た、お昼に一緒にカレーライス。

朝、起きてすぐ渓太「ぐっすり寝られる方法わかった。寝る前にリラックスするんだよ」父「渓太君、心配しなくても、毎日すぐにぐっすりねてるよ」。

渓太「クリスマスに8万円のクラリネットがほしい。もし10万だったらおとうさんに6万円、いや5万円だしてもらう」。いつの間にか、サンタさんからのプレゼントは卒業している。渓太は遠慮深いので金銭……ちがった、琴線をくすぐられてしまう。

午前中にふらっと出かけて、11時過ぎにふらっと帰ってきた。父「渓太君、コミセンでリクリエーションやってるから300円持って、行っといで。カレーとケーキ食べられるよ！」渓太「ぼく、たべない」。それで、お昼の残りのうどんを食べさせた。それから、友だちと約束してスキーへ。帰ってきたのは17：30、なんとなく静かな渓太の一日。こういう日は親もなんとなくさびしい……。

24日、2学期終業式。渓太へのクリスマスプレゼントはゲーム○ーイソフトと将棋。

冬休みに入り連日、午前中はスキー少年団練習。午後は友だちの家に。この間、父と母は2階の弟の部屋の大掃除、そして渓太の部屋のワックスがけと机の模様替えと掃除。帰ってきた渓太が「おとうさんおかあさん、ありがと。これで、もっと勉強できるふんいきになった」。雰囲気って微妙でいいねえ。

28日今年最後の英会話教室。講師は英国人女性のキャロル先生。

29日、冬休みの宿題、自由研究と書道完成。今年最後のサッカーナイター練習。

30〜31日午前はひとりでスノボ。午後は弟と友達の3人でスキーと自宅周辺で雪山遊び。

こうして、運動に学習に多忙だった渓太の今年が暮れた。


1999年1月1日㊎〜31日㊐【12歳6か月】

初詣に行くのに小遣い銭を一銭も持っていないので105円をあげた。富良野神社にお参りした後でも、渓太は100円を持っていた。賽銭箱には5円だけ入れて、お参りした。渓太「だって100円もったいないんだもん」。

テレビ観戦、室蘭大谷と金光第一（大阪）の高校サッカー選手権大会決勝。室蘭が5－4で勝ち、渓太「やったあ！」と大喜び。渓太「中学で、室蘭大谷からスカウトされた人たちどうするんだっけ？　りょうで生活するの？」父「うん多分寮はあると思うけど、下宿もあるよ」。渓太にも内心、期するところがあるのか？

3日、父と渓太のふたりで然別湖畔温泉ホテル福原に。午後3時前に到着し、館内の〝斎藤斎記念美術館〟へ。筆やパレット、絵具も展示されている。渓太「おとうさんも持ってるしょ。だけどお父さんのはあたらしいままだけどね」父「……」。折角の誕生プレゼントなのに、父の絵具は手付かずのまま。絵を見ながら渓太「おとうさん、しずものってなに？」

父「それは静物って言うの」。お風呂、ふたりだけの部屋食、温泉卓球、ロビーでのお正月イベント盛りだくさん。終了後、テレビで映画を見てからゲームをして、午後11時にラーメンで締め。ふたりとも満腹で満足、あとは寝るだけ、渓太はたのしんでくれたかな？　父はもう言うことなし。かえりのクルマの中で、渓太「うんと、なんて言ったっけ？　ごけさん？」父「後家さんは夫が死んだり離別して、いまはひとりで生活している女のひとのこと」渓太「あっ、ごさんけだ」(御三家)。おかしいなと思った。

お昼ご飯を食べてゆっくりしている渓太に友達から、おさそいの電話でスキーへ。午後3時過ぎに帰ってきて、渓太「ヘリしてメッチャ足をいたくしてしまった」。スキーモーグルの技でスキー板を横回転させることをヘリ（コプター）と言う。

昨日の足の痛みは大したことなくてよかった。たまの日曜日だからと昼食代千円を渓太に渡した。ところが渓太、弟とも午後1時ごろ帰ってきた。父「昼は食べてきたんか？」渓太と弟「う？　うん、いいから、たべなくても」。そのあと父が出かけてから、ふたりして家でお昼ご飯にチャーハンをつくって、ちゃっかり千円をポケットへ。やるもんだねえ。

冬休み最後の日曜日、家族で白金温泉観光ホテル（温泉プール付き）へ。

19日、3学期始業式。カラテ初稽古。

23日、渓太から父への伝言「1／23　HILうちで　TAべない　〜〜KIETA　―KEITA　父さんへ」。きえたー渓太、から暗号めいた伝言文。

渓太「バダスコマってあるしょ?」父「?」渓太「南米にあるしょ」父「バスコダガマでしょ」渓太「リデオジャネイロは?」。

フットサル旭川大会。家族して渓太の応援へ。第1戦引き分け、第2戦惨敗、第3戦は渓太がゴールを決め勝利。

2月2日~28日　【12歳7か月】

スキー少年団ナイター練習。

渓太の身長154cm、体重45・4キロ、体脂肪19%。歩いて友達の家に遊びに行き、そのままサッカー練習へ。

ふらのスキーまつり協賛、ジュニアジャイアントスラローム大会。全道から強豪選手が集まる大会で、渓太にとって最後になるスキー競技大会。昨年の7位から順位を上げ、メダルは逸したが、見事4位入賞。必死に滑り降りてくる渓太の姿がかすんだ。不十分な装備の不満を言うこともなく、ホントによく、がんばってきたね。とても、りっぱだったよ……。

夜、スキー少年団のナイター練習から帰ってきて夕食（20:15）食べながら、渓太「オレ、今日学校の体育館でオナラ出たさ」父「えっ、そりゃたいしたもんだ。みんなに聞こえたか?」渓太「うん、学年の体育の時に」。

11日、建国記念の日。ふたりして屋外の雪の中でバドミントンの練習。零下の凍れる中、渓太はTシャツ、弟は半ズボンで長い時間やっていた。

砂川にて第4回アメニティカップフットサル大会。渓太のふらのFCでの最終試合で父と弟が応援。全道より16チーム参加でふらのFCは総合11位、最後まで渓太も走りまわり満足の笑みを浮かべた。

小学4年で、自分で入団を決めたサッカー少年団：ふらのFC、これまでよくがんばりました。サッカーのわからない両親にもめげずに渓太はひたむきだった。自分でもたくさんのシュートを決めたし、それ以上にアシストも。渓太にとって、シュートを決めて勝つことだけが目的でないことは、見ているとわかる。

自分とのたたかいの上に、ひとりひとりの個性を大切にして一丸となって挑戦する。そのプロセスが大事だと、身をもって親に見せてくれた。力を出し切って肩を落とし、頭をさげて整列する。雨で泥や汗にまみれていても、0－10の惨敗の時はなおさら、それでも〝応援ありがとうございました！〟と、選手は声を張りあげる。

ふがいない結果に焦れて、敗因を問う親に、渓太は〝それはおもいやりのないこと〟と教えてくれたような気がする。〝とうさん、ぼくたちはおやを喜ばせるためだけにサッカーしてるんじゃないよ〟。何分の一かでも、親は成長できたのだろうか？　試合会場への送迎から解放される安堵だけだとしたら、すこしさびしい。どんな結果であろうと、選手たちが顔を上げて晴れやかな笑顔になるようにあかるい声をかけてあげたい。渓太君、小学校の3年間よくがんばったね。その姿に親はどれだけ励まされたことか、〝ありがとう〟のことばが薄っぺらに感じるほどのめぐみをたくさんもらったよ。

　これからは渓太のサッカーは親の目に触れない中学の部活に移って新たなステージに立ち、親は陰ながら支える。試合後に自宅に帰ってきた渓太のへばった顔を見、男くさい声を聞き、汗くさいにおいをかぎ、泥汚れのユニフォームを洗濯する。それで、君と共に生きていると感じることができる。

3月2日〜22日

　しばらくぶりのカラテの練習。カラテ着が小さくなって寸足らずに。帰ってきてから、渓太「おなかが変だ、少し下痢してる」父「元気よさそうでしょ」渓太「オレだからこれぐらいですんでるけど、しょみんだったらもうねてるところ」。そうかもしれないね。それに、あまり使われないしょみんと言うことばを知っていて、使えるんだね。

　13日、午前中、ひとりスキー練習。

　14日、午前中、スキー少年団練習。午後は友達や弟とスキー。さらに別の子にも誘われるが、断って午後3時過ぎに帰ってきてすぐに買い物、三番館へ。新しい通学カバンを購入、渓太はすぐに決まったが、弟はあれこれ悩む。渓太「りきは、こりしょうだからいろいろなやむ。なんだっていいのにな」。渓太は弟の誕生プレゼントにマンガとバスケットボールで約4千円奮発する。夜は我が家で弟の誕生パーティー。終了後、渓太と弟はナイターでそろってスノーボードの練習へ、父も付き添って写真を撮る。

18日、富良野小学校卒業式。卒業生ひとりひとりあいさつ、渓太「小学校6年間はまわりの人みんなに助けられました、中学生になったら、自分自身の力で成長してゆきたい」。母「まるちゃんのおかあさんが、渓太くん泣いていたって、おしえてくれたよ。渓太君、気持ちがやさしいから」渓太「泣いてなんか、いないよ」弟「おにいちゃん、目こすってたしょ」渓太「うん、こすった……」。

渓太は児童館で突き指し、治療のため整骨院へ。帰宅後、渓太と弟が言い合い。渓太「せいこついんだよ」弟「せっこついんだよ」渓太「おとうさん、せいこついんだよねえ。せっこついんなんてないよねえ」父「うん、せいこついん」渓太「せいこついんだよ、バーカ」父「……？　ほねつぎで、せっこついんてあったなあ」弟「そらみろ」渓太「おとうさん、いいなおすな、バーカ」。整骨院も接骨院も両方あったのだが、父は信用なくしたな……。

21日、午前中スキー練習。午後サッカーふらのFC卒団式。

渓太「卒団式おもしろかった。小学校の卒業式より、きょうのサッカーの方がかなしくなったよ」。渓太に贈られた記念のミニサッカーボール2個に全員が寄せ書きしてくれた。

・監督のことば「ボールを持ったら、なにをするかわからないやすおかのプレーにいつもワクワクしていました、クリエイティブなプレーはふらのFC歴代№1だったよ」

・コーチのことば「日向小次郎のような強引なプレーはいつも楽しみでした、これからもサッカーを続けるなら、もっと強引なプレーを心がけて！」

学校と異なって、サッカー少年団は志が皆同じ、それぞれの個性の力を合わせて一心不乱にゴールを目指す、その時の一体感はなにものにも替えがたいみんなの心のたから。そして、そんな君はわたしたちの〝宝〟。

22日富良野スキースポーツ少年団、最終日・記録会。昨夜から、強風、べた雪状態でゴンドラ運休のため練習なしの本番。渓太「スキー板が途中でぜんぜんすべらなくなった」。弟は強化組には入っていないが1位と躍進。渓太はその弟から遅れること9秒、全体で13位であった。これまで少年団のトップクラスですべってきたが、それでも渓太はスキー少年団での有終を飾り、満ち足りた顔をしている。親とは異なる渓太という一途で一生懸命な個性を、間近に24時間、12年間を全身全霊で体感できたことはこの上もなくしあわせであった。

思春期を過ぎて少年へ、前途洋々の未来に凛々しく立つ渓太の笑顔が眩しく見える。

同級生の夢は、スポーツ選手、大工、漫画家、花屋、保育士、医者、声優など具体的だけど、渓太はこの夢を大人になっても持ち続けていた。

渓太：小学6年　【ぼくの夢は……

ぼくの夢は、見たことのないような景色、町、海、山を見て旅することです。

そのきっかけはアラスカ、タイに行って日本とはちがう家や物、景色をはじめて見て、すごいと思ったからです。

そのためには外国語をマスターしなければなりません。特に英語です。英語は世界中の人が知ってるからです。そのため中学校では一生懸命勉強します。

そして、いろいろな経験や挑戦をしていきたいです。たとえばヨーロッパアルプスを越えたり、地中海をヨットやボートで横断したり、エジプトのピラミッドの中を探検したり、北極圏を犬ぞりで横断したり、地球3周分歩いて、世界の歴史に残るような冒険をいっぱいしてサッカーもしたいです。

そして幸せな毎日を送りたいです。】

渓太の書を想い出す**『王道を歩む』**

高学年

9〜12歳のころ＝兆し

渓太は小学校低学年ではカラテやスキーをしながら、遊びをつくした。高学年になって、地域スポーツ少年団のサッカーふらのFCおよびスキー少年団に入団し、3足のわらじをはいた。その結果、絵などの創作時間が減り、あまり親も遊んでもらえなくなった。自立心が増々旺盛になり、タイ旅行では、親と同乗を拒否して渓太が、ニコニコと大きな象にひとり乗り、大人と同じ辛さのカレーや料理を同じ分量食べた。

そうした中で渓太の目は、学校や児童館の先生、スポーツの指導者や保護者、スポーツ欄から新聞全体に広がった。やがて自らの判断の基準を確立し、これまでの基準であった親を冷静に見るようになった。弟が倒した缶ビールを渓太が「おとうさんのおき方が悪かった……りきも悪い……」と両成敗におさめたり、弟の学習について先生を批判する母に対し「それが親バカっていうもんだ」悪ふざけの父に「心のゆがみがあまい」母に「かよわだが、ひよわ。か強いけど、かよわ」〝親は絶対〟から転換しやがて反抗への兆しが見えてくる。

さらに学年が進むと親のいい加減さ、権威による押し付けに反発。そして不満や憤りが一気に噴出し「うるせぇー!」。反抗期はハシカのようなものではなく、子どもの心の成長と、親の精神の停滞とのせめぎあいのようで、表れ方は親子間で様々だと思われる。子どもの反抗は親としてのあり方を見つめなおすきっかけの時かもしれない。子どもが〝もっとしっかりしろ〟と、親を叱咤している。子どもは親というカベを乗り越えてゆき、置いてきぼりの親は、その姿を頼もしく、時にヒヤヒヤしながら見守り続けてゆく。

反抗をへて思春期を迎え、子どもは少年になる。そうして人間へのきざしが始まるようだ。

むすびに

子どもが幼いころ、出入り自由のトイレは、特別の個室でなくあそび場となって親子のカベを取り払ってくれたように思います。

子どもの言いたい放題のことば、へりくつ、〃ばかだなぁ〃にも親へのおもいがひそんでいるのを感じます。こうした丁々発止を恥もなく記しましたが、子育てはまるっきりアナログの手づくりそのものでした。

子どもの前での親のしくじりや反省が家の中、そこら中にころがっています。躾どころではありません。そんな親でも子どもと向きあっていれば、子どもは自分で育とうとするし、むしろ子どもの期待を裏切らない親になるという思いの方がまさってきました。

子育ては損得では、はかることはできません。気づかないことが多いけど、見えないなにかを子どもは、もたらしてくれています。子どもと共に生きているという実感を信じて、人それぞれの見えないなにかを、さがしあてることをねがっています。子育ては大変だけど、楽しそうだなって思っていただけたならうれしい限りです。

子どもはさりげなく、あっという間に親離れし、親は未練がましく時間をかけて、子どもとのしがらみから脱します。子どもは、おとうさんは〃おとうさん〃だけでなく、おかあさんは〃おかあさん〃だけでないことを見て取っています。のちのち、子どものことばは玉手箱の宝ものとして、親の心のよすがとなり、実は〝おや〟が子どもに試されきたえられて、〝親〟になるんだと感じます。

子どものことばは、親の胸に深く沈んで、いつまでも親を励ましてくれています。

「おかあさん、しんゆうだ」

「ぼくは、おとうさんから生まれたんだ」

本作品は著者が綴った実際の日記を編集しております。実際の人物、団体、商品などとは一切関係ありません。

〈著者紹介〉

岡安俊明（おかやす としあき）

　埼玉県生まれ名古屋育ち、北大農学部を卒業し、山形県次いで北海道で就業。趣味は山登りと絵ほか。

　早期退職後、飛騨高山で母の様子見に関市の施設に通いながら、古民家の改修、菜園と日本画（日展会友、ついで京都造形芸大通信日本画コースで習う）にいそしむ。

　現在は息子の勤務地に近い滋賀県在住、琵琶湖に近く半世紀ぶりに雪おろしのない楽な冬だが、初のエアコン生活になれない夏の猛暑であたふた。

北《きた》の国《くに》のトイレ日記《にっき》

——渓太《けいた》２歳《さい》〝ゆき、たべたいなぁ〟——

2024年7月27日　第1刷発行

著　者　　岡安俊明
発行人　　久保田貴幸

発行元　　株式会社 幻冬舎メディアコンサルティング
〒151-0051　東京都渋谷区千駄ヶ谷4-9-7
電話　03-5411-6440（編集）

発売元　　株式会社 幻冬舎
〒151-0051　東京都渋谷区千駄ヶ谷4-9-7
電話　03-5411-6222（営業）

印刷・製本　中央精版印刷株式会社
装　丁　　弓田和則

検印廃止

Printed in Japan
ISBN 978-4-344-69148-3 C0095
幻冬舎メディアコンサルティングＨＰ
https://www.gentosha-mc.com/

渓太の絵

幼稚園　1990〜1993年

1歳からえんぴつやペンでらくがき、幼稚園入園後、様々な画材に出会い、自分の想いを紙におもうさま表現することのたのしさを知る。

線には迷いやためらいがなく、一気に形を決める。高校生までのどの作品にも、複線や消しゴムで消した形跡がない。

小学生　1993〜1999年

たしかな線にゆたかな色が乗って、大胆な形ができる。そこにしだいに緻密さがくわわってくる。2年生ではくじら、きょうりゅうなど物語のある絵やマッキンリー山やサーカスなど､実際に見た印象をとどめて､数年後に絵にしている。しかし、4年生のサッカー少年団入団以降はカラテ、スキーと重なって、絵に向き合う時間が減ってしまった。

中学生　1999〜2002年

美術授業で制作された作品や下絵、エスキースが残されている。

高校生　2002〜2005年

美術科授業では目ぼしい作品は少ない。

しかし一方、描くことを渇望するように、ノートや半紙などに絵を克明に描いている。数式や歴史のノートの字の裏に絵が透けて見える。それらの絵に関する参考資料や写真は見当たらない。

こうした絵を美術科授業とは別に、一心不乱に、いつ、なにを、なにのために描いたのか？　ともだちのだれもしらない……親も。

「2 がつ　よか」
幼稚園年長組　画用紙
クレヨン・水彩画　　39 × 54cm
（北海道だから節分の豆は落花生？）

「かさこじぞう」（読書感想文付き）
小学 2 年　半紙
えんぴつ・クレヨン　　26 × 36cm

無題（履きこんだ誇りのズック）
中学２年　画用紙　水彩絵具
30 × 45cm

「喜び」(藍色とえんじ色の２枚組)
中学２年　和紙　版画
49 × 30cm

無題
中学２年　画用紙　水彩絵具　　30 × 45cm

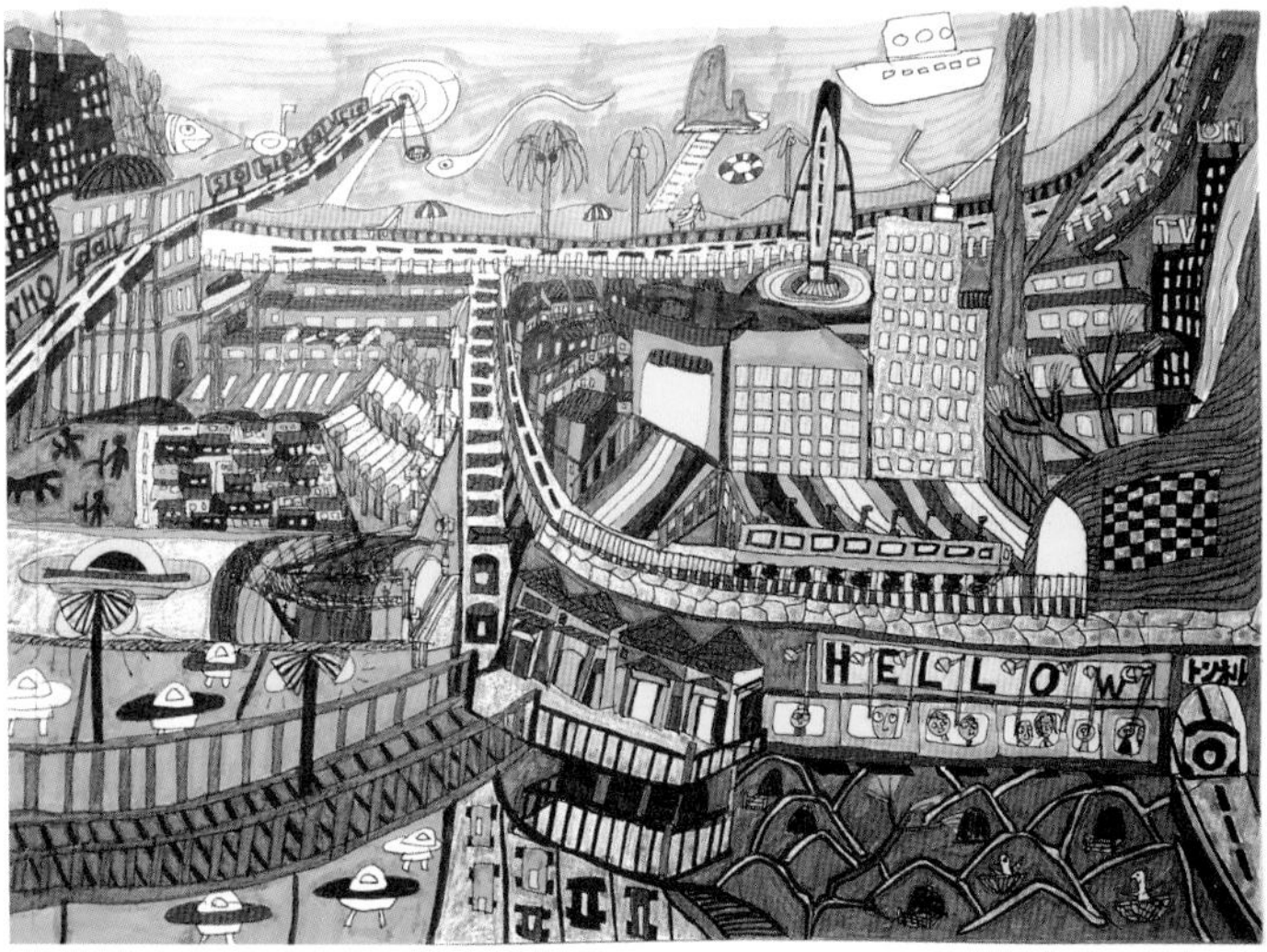

無題　（HELLOW）
高校生　数学のノート　カラーペン　　18 × 25cm

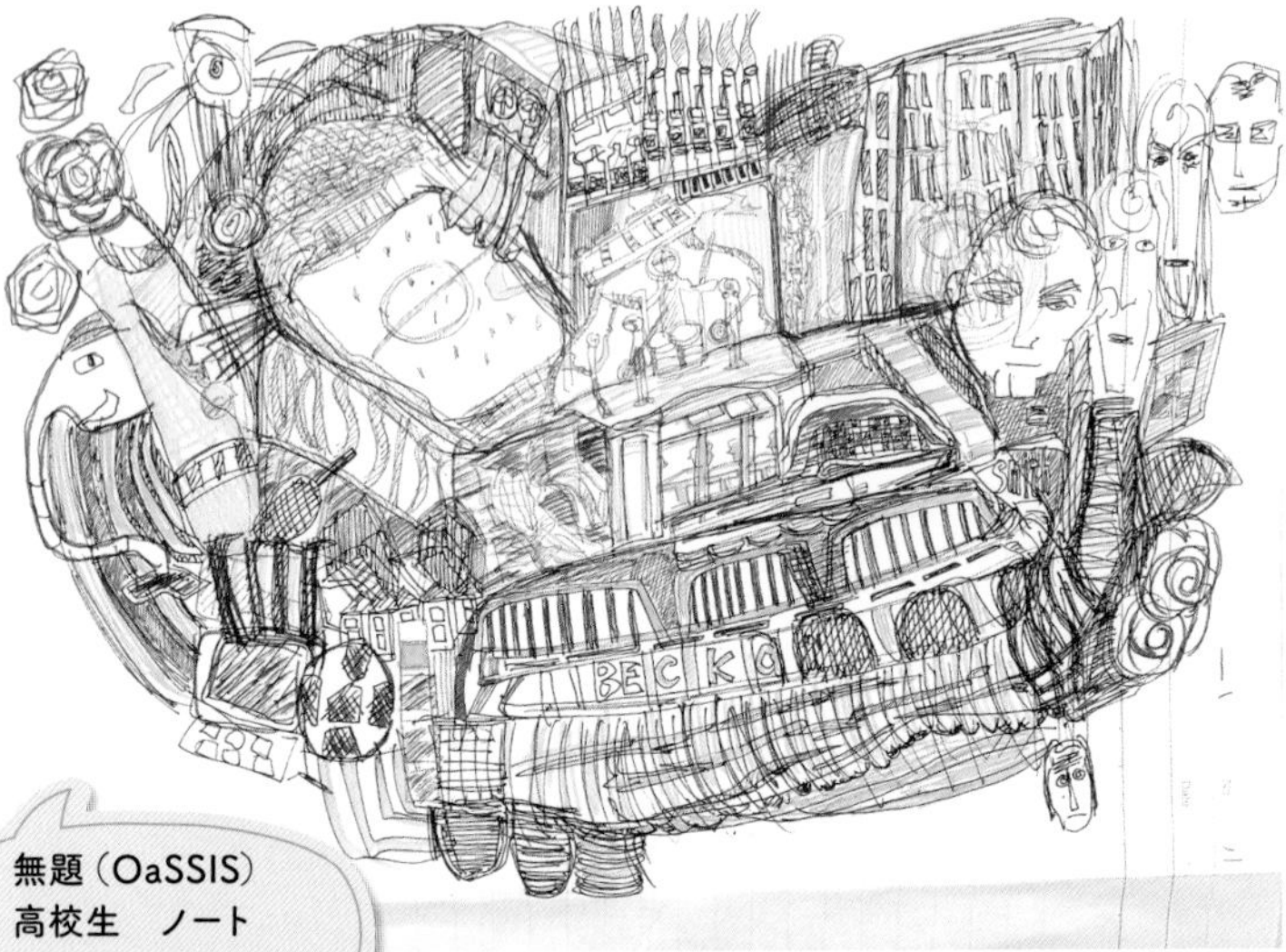

無題（OaSSIS）
高校生　ノート
カラーペン
18 × 25cm

無題（HOTEL のある町）
高校生　ノート　カラーペン
18 × 25cm

無題
高校生　半紙
えんぴつ
30 × 42cm

無題（似顔絵－2）
高校生　画帳裏の厚紙
えんぴつ　41 × 32cm

無題（似顔絵－1）
高校生　画帳裏の厚紙
えんぴつ　41 × 32cm

十勝岳連峰暮色（自宅窓から遠望）　父・画

この本をお読みいただいた読者の皆さま、誠にありがとうございます。忘れがたいことばを見つけていただけたなら本望です。

拙文を冊子にしていただいた幻冬舎メディアコンサルティングの企画編集部、編集部の皆さまほか、さらに製本、流通、販売に携わっていただいた皆さまに心より感謝申し上げます。